Serie Literatura y Cultura
Editor General: Greg Dawes
Editora encargada de la serie: Ana Forcinito

2666
En búsqueda de la totalidad perdida

Pedro Salas Camus

Raleigh, NC

© 2018 Pedro Salas Camus

Reservados todos los derechos de esta edición para
© 2018 Editorial *A Contracorriente*

All rights reserved for this edition for
© 2018 Editorial *A Contracorriente*

Para ordenar visite http://go.ncsu.edu/editorialacc

ISBN: 978-1-945234-45-3

Library of Congress Control Number: 2018945256

ISBN-10: 1-945234-45-8 (pbk)
ISBN-13: 978-1-945234-45-3 (pbk)

Coordinación y producción editorial de S.F. Sotillo
Corrección y edición por María Rodríguez, S.F. Sotillo
Diseño de interior y tapas por SotHer

Esta obra se publica con el auspicio y apoyo del Departamento de Lenguas y Literaturas Extranjeras de la Universidad Estatal de Carolina del Norte.

This work is published under the auspices and support of the Department of Foreign Languages and Literatures at the North Carolina State University.

Distributed by the University of North Carolina Press, www.uncpress.org

A mi papá

Contenido

Introducción

    1.1. ¿De qué hablamos cuando hablamos de totalidad?   1

La parte de los críticos

    2.1. Bolaño global versus Bolaño total   9

    2.2. 2666: ¿monumentalidad maniquea?   17

    2.3. Lo fragmentario en 2666   19

    2.4. La novela del espacio   26

    2.5. El quiasmo   30

    2.6. El narrador realista   33

    2.7. La totalidad lukacsiana en 2666   39

    2.8. Santa Teresa versus Ciudad Juárez, o el mito versus la historia   44

    2.9. Mundo Bolaño   49

3.1. Sobre la utopía y la barbarie 55
3.1.1. La barbarie neoliberal 56
3.1.2. Santa Teresa: ¿Fragmentación o síntesis? 62
3.1.3. No country for old men 66
3.1.4. ¿Quién es el culpable? 71
3.1.5. "Todos están metidos" 78
3.1.6. El abismo, o la inexorable distancia 85
3.1.7. La racionalización de la barbarie, o la normalización del mal 93
3.1.8. Klaus Haas 99
3.1.9. La ceremonia encubre una violación 105
3.2. Sobre la locura, el arte y la épica 106
3.2.1. Amalfitano 107
3.2.2. El descenso a la locura 109
3.2.3. Edwin Johns: Entre la locura y la barbarie 113
3.2.4. Ingeborg, o la locura como aliada del arte 116
3.2.5. Ivánov 122
3.2.6. Fate, o el extranjero 124
3.2.7. El perdedor versus el fracasado 128
3.2.8. El momento epifánico y la alianza de los subalternos 130
3.2.9. El valor 135
3.2.10. Archimboldi 139
3.2.11. El problema de la justicia: El asesinato de Leo Sammer 149

3.2.12. Entrar al juego: La literatura como mercancía   152

3.2.13. El retorno a México: La serpiente se muerde su propia cola   156

3.2.14. Archimboldi y Klaus: Coda   160

Notas   162

Bibliografía   174

Agradecimientos

Agradezco, en primer lugar, a mi madre, quien me regaló una copia de 2666 cuando aún estaba en el colegio e inició, involuntariamente, una larga obsesión que ha durado hasta después de la obtención de mi doctorado. Asimismo, agradezco a todos aquellos que me han ayudado, ya sea de forma consciente o no, a hacer de este libro una realidad: a Greg Dawes, con quien he tenido innumerables conversaciones en torno a Roberto Bolaño y ha sido un apoyo fundamental para la realización de este proyecto; a Agustín Pastén, con quien tengo el placer de compartir una (in)sana devoción en torno al escritor chileno; a John Beverley, Juan Duchesne-Winter y Joshua Lund, cuyos agudos comentarios y sugerencias fueron de enorme utilidad para la escritura del presente libro; a Manomano Mukungurutse (q.e.p.d), cuyos constantes cuestionamientos y sugerencias ayudaron a refinar mis ideas. Agradezco también a mis amigos y colegas Manuel Álvarez, Eduardo Morales, Sebastián Urli y especialmente Fernando Iturralde, con quienes discutí en multitud de ocasiones sobre Roberto Bolaño y su obra. Gran parte de esas conversaciones viven en el presente libro, de forma soterrada (espero que su mención aquí no les avergüence). Finalmente, agradezco a mi hermana Estefanía por su calidez y constante apoyo; a Gerardo, por su confianza en mí, su interés en lo que hago y su constante soporte; y a mi padre, Mario, a quien extraño siempre. Este libro está dedicado a su memoria.

1
Introducción

...A total absence of illusion about the age and at the same time an unlimited commitment to it.
Walter Benjamin

1.1. ¿De qué hablamos cuando hablamos de totalidad?

Antes que nada, aclaraciones con respecto al título de este libro (aparte de ser, como no es difícil deducir, una especie de broma y homenaje): primero, la mención de la totalidad en *2666*; y segundo, la insinuación de que ésta se ha perdido y se busca. La profundización de ambas implicaciones me parece un buen punto de partida.

En primer lugar, la mención de una idea de "totalidad". Este concepto —para nada novedoso— es algo que irrevocablemente atrae cierto escepticismo en nuestra contemporaneidad: pues el vuelco epistemológico que supuso el giro posmoderno derivó en que discursos "totales" tales como la Modernidad fueran considerados como maquinarias de sentido que no sólo racionalizaban y explicaban nuestra realidad concreta, sino que también la violentaban, tanto simbólica como materialmente. En este sentido, el reconocimiento de actores marginales que no "calzaban" con los discursos maestros —los cuales se empeñaban en esconderlos, o bien homogeneizarlos— fue una manera de denunciar y subvertir las grietas de metarrelatos que se suponían todopoderosos y omnipresentes en la segunda mitad del siglo XX. En cuanto a la producción cultural, también puede hablarse de un descrédito en torno a la idea de una representación estética de la totalidad: pues ya desde la Modernidad misma, según Lyotard (1992), se desarrolló y acentuó una actitud trágica en torno a la representación, una conciencia de la falibilidad del signo en cuanto a su referente. Esta lucidez dolorosa no haría más que derivar posteriormente en una actitud lúdica, asumiéndose desde un principio la condición de irrepresentabilidad del discurso mismo: en consecuencia, cualquier iniciativa que buscase proyectar cohesión y unidad a través del arte perdió aún más legitimidad, si es que le quedaba alguna.

Pues bien: tomando estos dos factores en cuenta —a equivalencia de una idea de "totalidad" con la de un discurso maestro cerrado y violento ante la diferencia, y la conciencia de la imposibilidad de una representación discursiva del todo— podría decirse que el título y la hipótesis de este libro no son precisamente propicios: pues, viendo los problemas que presenta la idea de una totalidad aquí brevemente expuestos, ¿por qué podría considerársela como algo positivo, viendo que su mera concepción ha sido relacionada con la imposición de una norma homogénea y opresiva? ¿Por qué Bolaño ambicionaría crear un mundo cerrado, en donde no hay espacio para la diferencia y no existe un afuera? Lo que es más, ¿tendría la ingenuidad de creer que la erección de una totalidad es posible, considerando que gran parte de la producción moderna —si es que no toda— se basa justamente en la imposibilidad de representar un sublime, o en la tragedia del divorcio entre signo y referente?

Ahora bien, las respuestas a todos los anteriores cuestionamientos son un rotundo no, pero no por ello el concepto de totalidad debe ser abandonado a la hora de abordar *2666*: pues debemos preguntarnos, en primer lugar, si es que las preguntas retóricas previamente formuladas no parten ya de una concepción previa —y ampliamente negativa— de lo que entendemos por totalidad.

Vayamos por partes. En primer lugar, hay que hacer una necesaria distinción entre una visión de lo total y la representación del todo. Ambas acciones, si bien a primera vista idénticas, distan en un detalle fundamental: la primera, según la perspectiva aquí planteada, privilegia una manera de ver que establece conexiones y paralelismos con los elementos representados; la representación del todo, por el contrario, supone efectivamente el retrato de nuestra realidad concreta en su totalidad —algo que el mismo Bolaño, como se verá más adelante, considera un proyecto imposible. La perspectiva holística de la cual el escritor chileno se sirve, por tanto, no supone un proyecto estético que busca agotar representativamente los espacios de lo humano —algo impracticable—, sino, más bien, establecer una relación dialógica y dinámica entre los numerosos espacios representados en *2666*.

Profundicemos en esto último. David Bohm, por ejemplo, defiende la necesidad de una mirada holística en torno a lo real concreto al desmantelar que toda "visión del todo" sea necesariamente falsa. En sus palabras:

> Instead of supposing that older theories are falsified at a certain point in time, we merely say that man is continually developing new forms of insight, which are clear up to a point, and then tend to become unclear. In this activity, there is evidently no reason to suppose that there is, or will be, a final form of insight (corresponding to absolute truth) or even a steady series of approximations to this. Rather, in the nature of the case, one may expect the unending development of new forms of insight (which will however assimilate certain key features of the older forms as simplifications) (...). As pointed out earlier, however, this means that our theories are to be regarded primarily as ways of looking at the world as a whole (i.e. world views) rather than as "absolutely truth knowledge of how things are" (or as a steady approach toward the latter). (Bohm 1976, 4-5)

La perspectiva holística, en este sentido, no supone la proyección de una verdad última del estado de las cosas, sino más bien una indagación dialéctica de lo real con nuestra capacidad actual de conocimiento. Esta manera de abordar lo real, asimismo, está destinada a cambiar a medida que nuestra misma percepción del mundo vaya evolucionando y cambiando; en este sentido, atacar su operación interpretativa dialógica por ser inherentemente transitoria sería un error. En otras palabras: es sumamente necesario diferenciar entre aquellos relatos, así como los concibe Lyotard —que permanecen estáticos y favorecen la homogenización—, con una perspectiva que siempre busca acentuar las relaciones dialógicas en la serie fragmentaria que nosotros percibimos como lo "real".

Ahora bien, establecida dicha diferencia con relación a cómo nos aproximamos al todo, aún queda en el aire la pregunta de cómo esta perspectiva se traduce al terreno estético, a la escritura misma de *2666*. Pues, dando por sentado que Bolaño es exitoso en la construcción de una totalidad dinámica, ¿qué se gana con su proyección en una obra de arte? ¿Qué beneficio o proyecto estético hay detrás de establecer una serie de paralelos y conexiones en la serie de fragmentos que *2666* despliega? O para resumirlo todo en una sola pregunta, ¿por qué Bolaño buscaría una visión de lo total en *2666*?

Pues bien, las respuestas a lo anterior, según mi perspectiva, tienen dos aristas: una estética y otra ética —si bien, como el mismo Bolaño dirá, la distinción entre ambas categorías es esencialmente inestable—. En primer lugar, la razón estética de Bolaño es la ambición de escribir una obra maestra. Tal como planeo explicitar a lo largo de este libro, testimonios extraliterarios y ejemplos en la escritura misma del chileno dejan en evidencia su necesidad de emprender un proyecto más ambicioso que sus obras anteriores. Fiel a su propia visión de lo que debía ser la literatura, Bolaño pareció haber asumido el último riesgo posible en *2666*: la construcción de un mundo —o bien, la culminación del suyo.

La segunda razón, aquella que tiene que ver con la ética, está, como ya adelantaba, íntimamente ligada con la estética. Pues la mentada construcción de un mundo que Bolaño efectúa en *2666* es un gesto esencialmente político y contestatario frente al statu quo de la cultura occidental del siglo XXI. Descartada ya la idea que la literatura puede retratar a modo de espejo nuestra realidad a manera de fotografía, lo que queda entonces es la construcción de un mundo propio que puede decir mucho sobre el nuestro. Tomándole prestados términos a Adolfo Sánchez Vázquez, el espíritu del proyecto bolañano puede ser referido como la operación de basarse en la existencia de nuestra realidad objetiva y construir a partir de ella una nueva realidad que nos entrega verdades sobre la realidad del hombre concreto, luz sobre las relaciones humanas condicionadas histórica y socialmente y que, en el marco de ellas trabaja, lucha, sufre, goza o sueña (1965, 36). En este sentido, Bolaño toma elementos singulares de nuestra materialidad (más visiblemente, el archivo de las muertas de Ciudad Juárez) y los pone en diálogo su propia cosecha de elementos ficticios en vistas de construir un relato que desestabilice la manera en cómo percibimos nuestro presente.

Ahora bien, siguiendo esta lógica —una esencialmente oposicionista—, ¿a qué metarrelato(s) Bolaño le estaría haciendo frente? Aunque la respuesta a esto último es compleja, podría adelantar que la mayor estocada de Bolaño está dirigida contra el discurso capitalista posfordista, hegemónico en gran parte de —si es que no todo— Occidente. Dentro de dicha ideología se comprenden relatos tales como la cultura de consumo, la búsqueda del placer constante y la idea de un progreso infinito, entre otros. Bolaño forzará al lector a ver dichos relatos desde su reverso negativo, forzando a ver la sombra en donde a primera vista sólo hay luz. El escritor chileno, en este sentido, combate la fragmentación cultural propia de los efectos sociales del capitalismo para justamente poner en diálogo nuestros islotes de percepción fragmentados; así, su escritura deviene un realismo renovado del siglo XXI, un realismo, digamos, a la manera como lo concibía Lukács: como una aproximación estética a la realidad mediante la insinuación de una totalidad que favorece la desalienación del receptor. Un realismo, no obstante, también lleno de tensiones posmodernas, como espero proceder a detallar.

Ya que he mencionado a Lukács, es buena ocasión para mencionar que el concepto de totalidad usado en este libro está basado primordialmente en la teorización del crítico húngaro al respecto (mas con ciertas modificaciones personales de acuerdo con nuestra contemporaneidad, y alejándose al mismo tiempo del criterio estético tan estricto del crítico húngaro). En este sentido, privilegiaré dos factores a la hora de analizar la totalidad en *2666*:

primero, la constitución de un mundo en que la relación dialéctica de sus elementos es más importante que su valor singular —hasta el punto en que ciertos espectros conceptuales, tales como la utopía o la barbarie, simplemente no pueden concebirse sin su reverso—; y segundo, en su relación simbólica-material que busca tener un peso gravitante en cómo percibimos nuestra realidad concreta. Bolaño, reitero, no hace un retrato naturalista del siglo XXI, pero sí renueva la tensión entre realidad concreta y literatura al usar elementos paraliterarios y hacerlos explotar en toda su potencialidad alegórica.

* * *

Unas acotaciones antes de empezar. En primer lugar, siguiendo el espíritu de la totalidad expuesto anteriormente, el propósito general de este libro no es cancelar las numerosas aproximaciones críticas sobre *2666* existentes (si bien, inevitablemente, se debatirán muchas). Más bien, poner en perspectiva, en un marco general, todas las proyecciones de sentido que la misma novela ha estimulado en la comunidad académica.

En segundo lugar, he evitado dividir mi análisis en concordancia con las cinco Partes que componen la novela —esto es, un capítulo dedicado a cada Parte. Esto último tiene motivos muy simples: primero, es una operatoria que ya se ha hecho; y segundo, para justamente subrayar la transversalidad de ciertos tópicos que se manifiestan en todas las Partes de la novela. De esta forma, consecuentemente, mi propósito es subrayar el carácter unitario de *2666*.

En relación con su estructura, el siguiente libro se encuentra dividido en dos de manera forzosa. La primera parte tiene un carácter necesariamente teórico: una operación de distant reading que tiene como objetivo cimentar las bases conceptuales desde las cuales baso mi análisis textual, el cual tiene lugar en la segunda parte. De esta forma, he pretendido, si bien con éxito relativo, evitar la preferencia entre proferir generalizaciones de alto calibre por un lado o elaborar un análisis textual detallista por el otro.

En la primera parte («La parte de los críticos»), me fijo principalmente en las características formales del libro y cómo ellas mismas despliegan, desde un principio, la tensión latente entre fragmentación y un sentido de totalidad presentes en todo *2666*. Argumento que la escritura fragmentada —una condición inherente a la escritura de Bolaño— no impide que ciertas fuerzas conceptuales establezcan un esqueleto desde donde cohesionar y visualizar a *2666* como un todo. En relación con esto último, introduzco la noción de estructura quiasmática, según la cual postulo que *2666* está organizado. Esta se basa, como procederé a detallar, en la representación de espacios cuyo orden de presentación sigue el orden utopía-barbarie-utopía, en donde los extremos representan la cultura letrada, la utopía moderna y el sublime artístico, y donde el centro —la barbarie— nos muestra su reverso oscuro: el horror y la muerte. Lidio también con la tensión simbolismo-materialismo presente en *2666*, y el efecto de denuncia social que persigue la representación de la tragedia humana de Ciudad Juárez. Finalizo presentando los cinco espectros según los cuales postulo que se estructura la totalidad bolañana: la utopía, la barbarie, la locura, la épica y el arte. Todo en su conjunto conformando una totalidad extensiva que denomino cultura.

La segunda parte del libro es el análisis textual de los postulados expuestos en la sección anterior. Ésta, a su vez, se encuentra dividida en dos. La primera subsección se centra en el binarismo principal de *2666*: aquél de la utopía y la barbarie, desde la cual su orden quiasmático se organiza. La utopía corresponde a una serie de metarrelatos que apuntan a la idea de una humanidad emancipada; la barbarie, más que su opuesto, es la violencia orgánica que fluye de dichos relatos y que hacen mella en nuestra realidad concreta. La segunda subsección, por su lado, lidia con espectros conceptuales que le son tangentes a la dialéctica utopía-barbarie, y corresponden, más bien, al plano de la acción de los individuos presentes en *2666*. Se analiza aquí las categorías de la locura, la épica y el arte, cuya frontera, como espero detallar, muchas veces es difusa. A través del análisis de figuras clave (Amalfitano, Fate, Archimboldi) se señalan las alternativas éticas que Bolaño distingue frente al eterno retorno de la barbarie y el horror, las cuales van desde una melancolía paralizadora a un compromiso y desafío contra la barbarie y la violencia, aunque asumiéndose muchas veces desde un principio como una batalla estéril. No obstante, parafraseando a Bolaño, caer como un valiente también es una victoria.

2

La parte de los críticos

2.1. *Bolaño global versus Bolaño total*

Antes de iniciar el análisis propiamente tal, es necesario enfatizar una necesaria diferencia: la distinción entre los adjetivos "global" y "total" como posibles términos equivalentes a la hora de referirse a la totalidad construida en *2666*. Esto último adquiere especial relevancia ante la última oleada crítica que propugna la posible pertenencia de Bolaño a una narrativa latinoamericana denominada como "global" o "mundial", cuyas características y contrastes con mi propuesta analítica analizaremos en breve. Para decirlo simplemente, en este se apartado se busca demostrar cómo la representación de una totalidad en *2666* y su supuesta pertenencia a una producción artística ligada a la globalización son cuestiones que refieren a problemáticas esencialmente distintas.

Vayamos por partes. ¿Qué quiere uno decir cuando se habla de un "Bolaño global" o "mundial"?[1]. Uno de los intentos más explícitos por esclarecer tales adjetivos, en opinión del autor, es Bolaño traducido: nueva literatura mundial de Wilfrido Corral, cuyo título resulta, no obstante, más engañoso que descriptivo. Dicha obra se preocupa, más que definir lo que efectivamente entendemos por "mundial", por el proceso de recepción crítica de Roberto Bolaño en Estados Unidos y en Europa. En cuanto a qué es lo que refiere Corral cuando menciona "literatura mundial", como bien ha señalado Ignacio Echevarría, no pasa más allá de vagas indeterminaciones:

> Resulta difícil, a partir de la lectura de Bolaño traducido, hacerse una idea ni del contenido ni de los alcances de esa "nueva literatura mundial", a la que el subtítulo alude. Se superponen al respecto afirmaciones demasiado vagas, tales como, muy al principio, esa conforme a la cual la "nueva literatura mundial" no sería "la misma en que creían nuestros abuelos o padres académicos, sino la que reconstruye modelos de identidad y patrones novelísticos sin límites, desde una exterioridad nebulosa, liberada de dependencias políticas y nacionales (p.9)". (Echevarría 2013, 179)

Eventualmente, en la lectura de la obra de Corral se nos revela que gran parte de su concepción de una "literatura mundial" está basada en la conceptualización que hace John Pizer en su libro *The Idea of World Literature: History and Pedagogical Practice* (2006), en la cual se discute el concepto de *Weltliteratur* acuñado por Goethe y las modificaciones que ha experimentado dicho concepto a través del paso del tiempo. En las palabras de Pizer, el estatus de la literatura mundial en nuestra contemporaneidad sería el siguiente: "Deterritorialized, 'word literature' is increasingly coming to signify works with an immanently global character rather than indicating the canonic 'great works' supposedly representative of the best creations, over time, that this planet's men and women of letters have produced" (Pizer 2006, 78). En otras palabras, una literatura cuya temática no está ligada a una región específica, sino que posee un código cultural (el pretendido "carácter global") que puede ser abordado por cualquiera. Dicha noción (siempre siguiendo a Pizer) se opondría a la literatura mundial como tradicionalmente ha sido concebida desde las metrópolis: como la construcción de un canon internacional que contiene en su selección autores representativos de otras naciones que no pertenecen a los centros de producción cultural europeos o norteamericanos.

Un par de alcances con respecto a lo anterior. En primer lugar, y refiriéndonos a su concepción original, la idea de una "literatura mundial" hallaría su germen en una concepción pedagógica que siempre ha tenido como centro el mundo anglosajón y su correspondiente proceso de canonización literario (canon compuesto, principalmente, por autores provenientes de Europa o Norteamérica). Es así, por ejemplo, que para que un curso de literatura alcanzase el apodo "mundial" en décadas anteriores (según comenta Pizer), sólo era necesario que estuviese compuesto de una selección de autores "del resto del mundo", los cuales, indudablemente, no eran (auto)percibidos como "globales" en sus propias zonas de producción. En segundo lugar, y siguiendo la definición contemporánea de Pizer en cuanto a una literatura mundial "desterritorializada", suponer que un escritor es meramente global por situar sus historias más allá de su región en particular sigue siendo una definición bastante vaga de su pretendido carácter mundial. Pues más que cualquier estética en específico, pareciese ser, la "globalidad" a la que Pizer se refiere se define por rasgos meramente temáticos y ampliamente generales. En este sentido, ¿basta ser de Latinoamérica y escribir sobre Europa (o viceversa) para ser instantáneamente un autor "mundial"? ¿Basta que un personaje de una novela cruce una frontera para ser considerado "desterritorializado"?

A lo anterior cabe agregar lo siguiente: a partir de las afirmaciones de Corral, se subentiende que la "globalidad" de Bolaño no es un fenómeno único, sino un sentimiento generacional relativamente reciente. Dicho pensamiento es compartido por otros críticos: Chiara Bolognese, por ejemplo, menciona en su libro *Pistas de un naufragio: cartografía de Roberto Bolaño* (2010) como el escritor chileno pasó a simbolizar "la figura de un padre" para una camada de escritores contemporáneos[2] que buscaron (y buscan) desprenderse de la etiqueta de "latinoamericanos" o "hispanos" para convertirse en "mundiales". En sus propias palabras:

> El enfoque de este grupo no pretende retomar los temas del pasado, sino que trata de hacer una literatura que corte con los aspectos míticos de este: los escritores de este período ya no aspiran a hacer la revolución, puesto que de ella han salido derrotados, como algunos de los protagonistas de sus historias. Ya no son los autores de las utopías; la literatura hispanoamericana actual marca justo el paso "de la ilusión al desencanto, del ímpetu a la re-

signación". Han utilizado algunos ingredientes de la producción de los padres, pero ellos ahora están construyendo un camino distinto. Reivindican el derecho a no hablar exclusivamente de Hispanoamérica en sus ficciones, aspirando a hacer literatura con las cuestiones que consideran más urgentes. Se trata de historias que nada tienen que ver con el realismo mágico, las supersticiones y los tópicos latinoamericanos, y que más bien reflejan y se acercan a la idea actual de mundo como aldea global. (Bolognese 2010, 48)

La generación descrita por Bolognese, por tanto, estaría tratando de desmarcarse conscientemente del Boom latinoamericano (que aún pesa, como es sabido, en la recepción mundial de nuestra literatura); marcando distancia frente a una producción, de acuerdo con las palabras de la crítica italiana, "regionalista", inundada de "realismo mágico" y "supersticiones".

Ahora bien, con respecto a lo anterior, fácilmente puede leerse en el análisis de Bolognese una concepción del Boom latinoamericano como un movimiento cerrado en sí mismo, tanto estética como culturalmente. La nueva generación a la cual la crítica italiana hace mención, por tanto, estaría buscando desmarcarse de dicha escritura estática para vincularse más explícitamente con el "otro" que va más allá de Latinoamérica, liberándose de un supuesto regionalismo estéril. No obstante, habría que preguntarse cuán acertado es hablar de "regionalismo" cuando nos referimos al Boom: pues, si sopesamos la hipótesis que la gran diferencia de las nuevas generaciones con las anteriores es la relación que se establece entre Latinoamérica y el resto del mundo (una cerrada versus otra abierta), habría que inmediatamente recalcar, en primer lugar, que toda la literatura del Boom está marcada a fuego por la relación política, cultural y social entre nuestro continente y la influencia extranjera en todas sus acepciones; en este sentido, cualquier aproximación crítica que considere la producción cultural de los años sesenta como una aislacionista peca inexorablemente de reduccionismo. Es más, yendo aún más atrás, podría postularse que el germen de toda producción literaria latinoamericana siempre ha estado relacionado con un más allá que tiene injerencia directa en nuestros procesos de identidad y conformación regional: hablar de Latinoamérica, en este sentido, y desde los tiempos de la Conquista y la Colonia, ha sido siempre hablar sobre lo impuro, sobre la mezcla, sobre la influencia del Otro y su confluencia con lo autóctono. En otras palabras: nuestro discurso latinoamericano, desde el principio de la historia occidental de nuestro continente, ha sido siempre, bajo los términos de Pizer y Bolognese, "mundial". Y si todo nuestro arte es efectivamente mundial desde sus inicios, pues bien, es lo mismo como si no lo fuese en absoluto: el concepto mismo deviene una categoría vacía y no funciona como criterio diferenciador entre una supuesta vieja literatura latinoamericana y una nueva.

Pues bien, ¿qué queda, entonces? La convicción que para dilucidar si Bolaño es efectivamente un autor global se requiere necesariamente una definición más apropiada de lo que significa ser uno. Un intento más reciente de explicar la globalidad de Bolaño es aquel que efectúa Héctor Hoyos en su libro *Beyond Bolaño* (2015), en donde sitúa la obra del escritor chileno (tal como Bolognese y Corral, aunque con énfasis en distintos nombres) como parte de una nueva generación latinoamericana con una sensibilidad "global"[3]. En qué consiste la "novela global" es algo que Hoyos rehúye definir de forma explícita en vistas de evitar una descripción que restrinja las posibilidades de una estética naciente; no obstante, reconoce que la literatura latinoamericana contemporánea (cuya gestación, según él, se produce desde una etapa tardía de la globalización post 1989) es, según su perspectiva, aquella que tiene un "posicionamiento global" que trasciende las fronteras nacionales (la cual vendría siendo la misma forma en cómo Pizer la concibe) y que al mismo tiempo funciona como un mini-Aleph en sí misma. En sus propias palabras:

> Contemporary Latin American literature is emerging and combative, but it is not particularly keen on nationalism. In a peculiar, sublated return to Jameson, one could say it trades national allegories for global allegories. However, inspired by Borges, these are negative allegories, in that they signal their own impossibility and the limitations of the written word. In their recursivity, they postulate a dynamic, non-reified relationship between the local

and the global, and across any other bipolar, center-periphery structure. (Hoyos 2015, 190)

Según la perspectiva de Hoyos, entonces, la literatura global posee una fuerza alegórica que busca un retrato dinámico de historias, espacios y culturas a escala mundial al mismo tiempo que reconoce sus propias limitaciones en su condición de escritura. Ahora bien, con relación a la obra de Bolaño, Hoyos elige *La literatura nazi en América* (1996) en vistas de comprobar el carácter global de la obra del escritor chileno. Su hipótesis consiste en una reflexión en torno al fascismo como fenómeno mundial: Bolaño, al situar lo propiamente nazi en un territorio foráneo (es decir, americano), estaría subrayando la trasnacionalidad del fascismo y su condición histórica mundial; o, en otras palabras, lo nazi no necesariamente circunscrito a territorio europeo, sino que inscrito a una tradición histórica global en donde todo lector "mundial", si así podemos llamarle, puede aproximarse y reconocerse debido a la existencia de un código cultural compartido (o en palabras de Hoyos, un "imaginario colectivo global"). El punto de fondo está en acentuar cómo la literatura global dialoga con ciertos eventos y procesos históricos que ya no pueden ser considerados "regionales", sino que estos últimos (tales como las Guerras Mundiales) tienen repercusión a escala global. *La literatura nazi en América*, entonces, y siguiendo el razonamiento de Hoyos, estaría reclamando —por medio de su aproximación al fascismo— su lugar dentro de la historia oficial, canónica (a la que comúnmente llamamos "universal"), como un agente activo y como una entidad dotada con voz propia para referirse a fenómenos que tradicionalmente son vistos como propios de la metrópoli (ya sea de forma cultural, intelectual o histórica). En palabras del crítico colombiano:

> By claiming the centrality of Nazism in global imagination, such narratives position Latin America literature within contemporary discussions on the legacy of the Second World War, raising provocative questions about the proprietary relations of local historical memory in globalized times. (Hoyos 2015, 26)

Sentado esto, y pasando por alto el hecho que Héctor Hoyos decida enfocarse en *La literatura nazi en América* en vez de *2666* (o incluso *Los detectives salvajes*) a la hora de hablar sobre su pretendida globalidad, el crítico colombiano efectivamente nos otorga, si bien no una definición explícita, por lo menos ciertos rasgos que pudiesen acercarnos a una pretendida estética de lo global: la búsqueda de un código cultural global compartido y una operación de desterritorialización de eventos que pudiesen ser considerados propios de la metrópoli. No obstante, también llegado hasta este punto del análisis, debería empezar a verse de manera más clara su diferencia con mi concepción de totalidad previamente expuesta. Pues, tomando el ejemplo del fascismo presente en La literatura nazi, su "reapropiación" por parte de Bolaño efectivamente puede interpretarse como un intento por dialogar con fenómenos que tradicionalmente son considerados "globales"; sin embargo, de ahí a simbolizar el intento por alegorizar una totalidad, hay un paso, y grande, pues el fascismo en sí sólo es un fenómeno mundial dentro de una historia y contexto mayores. En este sentido, la conciencia de un fenómeno global (y su representación) no es lo mismo que el intento de proyección de una totalidad en una obra de arte: es meramente un efecto sintomático de una producción estética en nuestros tiempos globalizados.

En resumidas cuentas, la discusión en torno a la literatura mundial a la cual se ha hecho referencia hasta ahora pareciese ser un problema que se encuentra más cercano a terrenos sociológicos que estéticos. Pascale Casanova, a quien podría denominarse como la originadora de dicho debate, se preocupa mayoritariamente de la circulación, recepción y jerarquización de la producción cultural alrededor del globo y cómo las metrópolis influyen de forma activa en su capital cultural; sin embargo, una estética de la totalidad pareciese ser, irónicamente, un debate que no siempre concierne a cualquiera que esté interesado en la llamada "literatura mundial" más que de pasada. Pues cabe destacar que no es lo mismo analizar una obra artística dentro de los parámetros de circulación cultural a escala global que hacer una lectura de una obra que en sí misma intente alegorizar un todo. La diferencia entre globalidad y totalidad, así, puede sintetizarse de la siguiente manera: la primera, entendiéndose como un fenómeno cultural, político y económico que nos retrae, metonímicamente, a un período histórico específico: la globalización; y la segunda, por el contrario, y por lo menos en su representación estética, entendiéndose como una representación de un sistema de relaciones interconectado que en su conjunto es percibido como una unidad. Consecuentemente, de acuerdo con la distinción que acabo de hacer, es perfectamente posible la concepción de una novela total que intente capturar el *zeitgest* de la globalización, como es el caso de *2666*; no obstante, también es posible hacer una novela con rasgos "globales" sin que necesariamente sea esta última una novela total.

Algunas reflexiones finales en torno a la llamada literatura mundial. Primero, tal como espero haber explicitado, las interpretaciones que se manejan hasta el momento pecan, mayoritariamente, de generales e imprecisas, al punto de que cualquier escritor, con un mínimo de esfuerzo (y con un poco de suerte en relación a sus circunstancias espaciales e históricas) puede alcanzar el estatus de "mundial" sin mayores complicaciones de acuerdo a ciertas definiciones que hemos explicitado aquí. Segundo, el mismo término "mundial" muchas veces esconde una asimetría relacionada con fijación por la historia de las metrópolis: para tomar el ejemplo del fascismo previamente mencionado, su reapropiación por parte de un sector de la producción latinoamericana supone en última instancia que los procesos "universales" sólo ocurren en Europa, y que nosotros, al hablar de ellos, devenimos de alguna forma "globales". Sin embargo, y como podrá suponerse, no se habla de una hipotética literatura europea "global" que se refiera a distintas zonas del mundo, pues, como el mismo Hoyos reconoce, "'global Latin American' is asymmetric in ways that, say, 'global French' is not" (2015, 22). En tercer lugar, el término "global" bien puede simplemente implicar la existencia de una literatura inscrita en la "república de las letras" a la cual se refiere Pascale; en este sentido, no hay particularidad alguna en su "mundialidad" más que su existencia misma en un sistema de circuitos jerárquicos a escala global.

2.2. *2666: ¿monumentalidad maniquea?*

Ya establecida la diferencia entre "globalidad" y "totalidad", es necesario delimitar la naturaleza del objeto de este estudio —y si es, ciertamente, comprensible como una unidad singular (esto es, una novela y no cinco) más allá de su presentación y de acuerdo con criterios extraliterarios. Ello toma particular relevancia a la hora de referirnos a *2666* como obra póstuma: pues el problema de las intenciones originales del autor, su condición de obra "inacabada" y su posterior edición por parte de la editorial Anagrama devienen todos factores a considerar antes de comenzar su análisis crítico.

Ahora bien, en relación con la concepción de *2666* como una obra singular, hay que remitirse a las acotaciones de Echevarría en la primera edición de la novela en cuestión: "Bolaño, él mismo excelente cuentista y autor de varias nouvelles magistrales, se jactó siempre, una vez embarcado en la redacción de *2666*, de habérselas con un proyecto de dimensiones colosales" (Echevarría 2004, 1122). Dicho proyecto, como el mismo Echevarría explicita, asumiría el nombre de "2666" en los apuntes de Bolaño, obra que tendría un "centro oculto" que serviría como punto de fuga en relación a las distintas partes. Gracias a la edición de *2666* por parte de Alfaguara en el año 2016, a su vez, hemos tenido un acceso parcial a dichos apuntes, en donde claramente podemos vislumbrar las anotaciones del chileno referidas a la novela como un todo e incluso un bosquejo de su estructura cilíndrica[4]. Asimismo, cabe destacar que cuando se le preguntó al escritor chileno sobre *2666*, nunca hesitó responder como si se tratase de una sola obra[5]. Estas simples aseveraciones deberían bastar para desmoronar la insinuación que *2666* fue originalmente concebida como cinco novelas independientes en vez de una sola, ya que, si bien es cierto que ya hacia el final de su vida Bolaño había elegido publicarlas de forma separada, su decisión última correspondió a motivos económicos forzados por su precaria condición de salud. En palabras de Echevarría:

> Conviene advertir (…) que en esta intención se interpusieron consideraciones de orden práctico (…) ante la cada vez más pro-

bable eventualidad de una muerte inminente, a Bolaño le parecía más llevadero y más rentable, para sus editores tanto como para sus herederos, habérselas con cinco novelas independientes, de corta o mediana extensión, antes que con una sola descomunal, vastísima, y para colmo no completamente concluida. (Echevarría 2004, 1121-1122)

Ahora bien, no es el propósito aquí hacer un análisis genético de *2666* —simplemente empezar nuestro análisis tomando como punto de partida el hecho de que fue concebida desde sus inicios como una unidad. No obstante, a pesar de lo dicho, lo fragmentario propiamente siempre se ha considerado una piedra angular en la estética bolañana. Patricia Espinosa pareciera sintetizar esta postura cuando habla de la prosa en *Los detectives salvajes*: "es esta una escritura que violenta la unicidad. Bolaño parece escribir fragmentos de un texto único y desconocido. El juego: el fragmento que pervierte la obra, que la desecha como totalidad, pero que también la desea" (Espinosa 2003, 22). El caso de *2666* no es diferente. No por nada la duda sobre si esta última es una novela o cinco es algo que efectivamente existe: pues la misma escritura nos invita a pensarla como una recolección de fragmentos sucesivos —y no nos referimos con esto último sólo a la división de *2666* en cinco partes, sino a los múltiples y reiterados pequeños episodios narrativos que se intercalan con los mayores a lo largo de sus cinco secciones—. La interrogante que surge entonces es si efectivamente se puede considerar *2666* como una obra singular, al estilo de las obras totales y fragmentarias de principio de siglo XX (Joyce, Mann); pues, a pesar de las intenciones de Bolaño (las cuales, como espero haber expuesto brevemente, era escribir una novela) la pregunta si el escritor chileno logra efectivamente construir una columna vertebral que englobe la descomunal serie de fragmentos en un todo cohesionado es algo que debe ser tomado en cuenta.

A lo anterior, nos atrevemos a adelantar una respuesta bajo la forma de una dicotomía: la respuesta corta es no; la larga, sí. La paradoja irresoluble entre dos polos, partiendo en este caso por la tensión entre el concepto de fragmento y unidad en *2666*, es algo que a continuación se pasa a dilucidar.

2.3. Lo fragmentario en 2666

El fragmento, de acuerdo a la definición de Marchese y Forradellas, es un "trozo perteneciente a un texto mayor que se nos presenta aislado por alguna razón" (1986, 181). Un texto fragmentado, por tanto, es un corpus discursivo en el cual numerosos de sus elementos carecen de un marco conceptual, argumental o estructural que justifique su presencia o bien explicite su sentido. Siguiendo esta línea de pensamiento, *2666* de Roberto Bolaño ha sido unánimemente cualificada como una novela fragmentada. Rodrigo Cánovas pareciese resumir la anterior postura mediante las siguientes palabras:

> [En *2666*] no existe un todo (no estamos en Macondo donde los personajes están hechos de una sola pieza), existe la obsesión de recopilar partes (la evidencia) fragmentos (de cuerpos, de vestimentas, de frases) que permitan una reconstitución mínima de la escena latinoamericana. (2009, 242).

Empezaré mi análisis, consecuentemente, intentando descifrar cuál es la particularidad de dicha escritura fragmentada en *2666* (si es que existe alguna), para posteriormente sopesar si la concepción de la obra póstuma del escritor chileno como una unidad sigue siendo posible.

La mejor forma de esclarecer lo anterior es ir directamente a *2666*. Tomemos como punto de partida un episodio específico que ocurre a principios de «La parte de los críticos»: Morini, uno de los estudiosos de Archimboldi, decide hacer un viaje repentino a Londres, aparentemente sin ningún motivo en particular. Si bien comparte momentos con Liz Norton, pasa muchos de sus momentos solo, paseando y meditando por la ciudad. Uno de aquellos paseos lo lleva hacia el Hyde Park, donde un vagabundo se le acerca e inicia lo que podría llamarse, grosso modo, una conversación. Sin mayores preámbulos, el mendigo le narra de su experiencia previa como trabajador en una fábrica de tazas con mensajes "divertidos" ("Ja ja ja, es la hora de mi coffee-break") y cómo la modernización de las tazas (con imágenes y mensajes más sofisticados) había terminado por destrozar su espíritu y forzarle a la renuncia. Posteriormente (y de modo bastante brusco), el mendigo le pide a Morini que lea en voz alta los nombres de las recetas del libro que este último sostiene en sus manos —recetas de cocina escritas nada menos que por Sor Juana Inés de la Cruz—. Morini accede a la petición del mendigo hasta darse cuenta de que éste se ha dormido mientras él recitaba. El episodio termina con Morini alejándose del Hyde Park, sin ninguna clase de monólogo interior o intervención por parte del narrador que pudiese iluminarnos en torno al sentido del acontecimiento en cuestión.

Ahora bien, consideremos brevemente los dos arcos narrativos principales de «La parte de los críticos»: 1. el triángulo (aunque, si consideramos la participación latente de Morini, cuadrado) amoroso entre Norton, Pelletier y Espinoza; y 2. la búsqueda de Archimboldi por parte de los críticos en la ciudad de Santa Teresa. Lo que inmediatamente salta a la vista es la condición de exceso del episodio anterior en relación con los arcos narrativos principales, ya que el fragmento antes descrito, a primera vista, no pareciese aportar de modo alguno al desarrollo de los dos pilares narrativos antes mentados. La conclusión más evidente, entonces (y la más fácil), sería catalogar al fragmento anterior como un derroche que no tiene motivo ulterior más que su presencia misma. ¿Pero es esto efectivamente así?

Vayamos paso a paso. Una primera explicación en torno a la presencia de dicho fragmento (y no sólo éste, sino en relación con todos aquellos que en teoría no alimentan a los arcos narrativos principales) correspondería a la condición de obra póstuma de *2666* ya mentada y la muy real falta de tiempo por parte del propio Bolaño en relación a la edición de su texto. En otras palabras, la posibilidad de que el escritor chileno no hubiese pulido su obra de forma suficiente y la presencia de un fragmento como el anterior debiese su existencia a una negligencia editorial forzada por las circunstancias más que a una idea previa de Roberto Bolaño. No obstante, hay buenos motivos para dudar de lo anterior, y es aquí donde es particularmente útil volver a la obra anterior del narrador chileno: pues novelas tales como *Estrella distante*, *Nocturno de Chile* y *Los detectives salvajes*, por mencionar algunos ejemplos, presentan una estructura episódica y resquebrajada similar a la que nosotros, lectores, vemos representada en *2666*. Esta "estética de la digresión", por tanto, no sería la excepción en Bolaño, sino la norma[6].

Sin embargo, cabe preguntarse cómo destaca *2666* en cuanto a su fragmentación en relación a la obra bolañana anterior o, en otras palabras, si su naturaleza fragmentaria funciona con la misma lógica en todas sus novelas. Comparemos, a modo de ejercicio, *2666* con su más inmediato contendor en términos de grandeza literaria: *Los detectives salvajes*. Dicha novela, por ejemplo, puede ser fácilmente clasificable como una obra que apunta a la percepción de una serie fragmentada: el desarrollo de la diégesis nos es presentada de forma alterada; los saltos temporales (el más importante: el quiebre que ocurre a mitad de la novela que da paso a una serie de testimonios personales que se extenderán por un período cronológico de más de veinte años) conducen a un trabajo activo por parte del lector para reconstruir una historia linear. No obstante, una vez avanzada la lectura del texto, queda claro que la historia propiamente tal gira en torno a la epopeya de dos personajes: Arturo Belano y Ulises Lima. El aparente caos que experimentamos nosotros, como lectores, deviene entonces controlable ante este hecho: pues si bien es una historia llena de silencios, indeterminaciones y metalepsis, la existencia de un centro narrativo (en este caso, la historia de una epopeya y un fracaso personal) es el que efectivamente hace que *Los detectives salvajes* sea una novela con una "estructura de hierro" —para usar los términos del propio Bolaño— en vez de una recopilación anárquica de fragmentos inconexos. Ahora bien, la misma operatoria deviene dudosa si hablamos de *2666*: pues, dicho de forma llana, no existen en ella uno o dos personajes a partir de los cuales gire todo el relato. Aunque es cierto que algunos trascienden su propia parte, el peso de la diégesis simplemente no recae en individuos específicos si se la mira como un todo. En este sentido, *2666* nos presenta una estructura en que numerosos personajes devienen, por momento, centrales a ciertos leitmotivs (los críticos, Amalfitano, Fate, Juan de Dios Martínez, Archimboldi, etc), mas no tienen entre ellos una jerarquía interna determinada ni tampoco una relevancia primordial al estilo de *Los detectives salvajes*.

Sentado esto, se podría hacer la pregunta de si el centro de gravedad de la novela no se encuentra en un núcleo conceptual determinado, ya que —y para seguir comparando la producción anterior de Bolaño con su obra póstuma—, en gran parte de la narrativa breve del escritor chileno pareciese cumplirse una lógica derivativa controlada al estilo que he descrito en *Los detectives salvajes*. En *Estrella distante*, por ejemplo, significativas son las digresiones narrativas dedicadas a Diego Soto, Juan Stein y Lorenza, miembros de la generación de Belano cuyas historias se alejan del arco narrativo central (la historia y búsqueda de Wieder). Si bien dichas digresiones son notablemente diferentes, podría pensarse a todos sus protagonistas como tripulantes del mismo barco chileno que terminó en naufragio después del golpe militar: un barco en el que todos (desde el que lo hizo todo por hundirlo, como Wieder, y al que no hizo nada por evitarlo, Belano), están incluidos[7]. El núcleo de *Estrella distante*, en este sentido, no sería tanto el enigma policial que se nos presenta a un nivel más superficial, sino el destino compartido de una generación entera afectada por la dictadura. Las historias de Soto, Stein y Lorenza, así, justificarían su presencia una vez que nosotros, como lectores, somos capaces de elaborar una visión alegórica de la obra no tan apegada a su misterio detectivesco, sino más bien conectada a un marco simbólico que la trasciende.

Pues bien: teniendo la operatoria antes descrita en mente, volvamos al fragmento de *2666* que he descrito brevemente: el paseo de Morini por el Hyde Park. Si bien ya he mencionado que el sentido de dicho fragmento no se acopla con los dos arcos narrativos principales (lo que, a fin de cuentas, le otorga a dicho episodio su carácter fragmentario), hay que preguntarse si, tal como en *Estrella distante*, hay un sentido mayor que le dé al episodio anterior un marco, aunque no absolutamente cohesivo, iluminador en cuanto justificación de su existencia. Una posible interpretación bien podría ser el leitmotiv relativo a la hermeticidad de la academia y su pérdida de conexión con la realidad concreta, asunto que permea toda «La parte de los críticos» y sobre la cual me explayaré en la segunda parte de este libro. Morini siendo incapaz de establecer una conexión verdadera con lo "mundano" al estar atrapado en el mundo libresco sería una posible manera de leer el mentado episodio y así justificar su presencia. No obstante, cómo dialoga dicho leitmotiv más allá de su parte específica nos abre una nueva serie de problemáticas. Pues si bien el episodio de Morini podría interpretarse de acuerdo al marco conceptual que he aquí brevemente esbozado (un juicio a la insulación de la academia literaria), cabe preguntarse cómo se relaciona dicho fragmento con las muertas de Santa Teresa o con la experiencia bélica de Archimboldi (para contrarrestar el encuentro de Morini con el vagabundo, un episodio dotado de un espíritu más bien liviano y juguetón, con dos partes de la novela que se caracterizan por su crudeza, por su acercamiento al horror absoluto).

  Esto, por supuesto, no es sólo aplicable al episodio de Morini, sino a la gran mayoría de los fragmentos de *2666*. ¿Existe una relación, por ejemplo, entre Lalo Cura y Vogel, el alemán de un optimismo desmedido y ferviente defensor de la masturbación? ¿Entre El Cerdo e Imma? ¿O entre Rosa Méndez y Ansky? A primera vista, parece difícil establecer puentes vinculantes entre personajes y situaciones considerando a *2666* como una sola novela: pues si, como ya se ha establecido, es relativamente sencillo justificar episodios fragmentarios en el marco de sus propias partes, a la hora de relacionar espectros notablemente distintos la tarea se complejiza de forma significativa. En otras palabras: si *2666* tiene cinco centros de gravedad correspondientes a sus cinco partes, los cuales organizan y cohesionan su fragmentación interna, queda aún en el aire la pregunta sobre cómo dialogan entre sí, o si es que lo hacen del todo.

  Sumado a esto, al asunto de la comunicabilidad temática entre las distintas partes de la novela se le suma otra: la cuestión del género —o, para expresarlo en mejores palabras, los "sub-géneros"— dentro del género "novela". Cada parte de la novela se acerca a un discurso particular: «La parte de los críticos», por ejemplo, es representante de la novela de campus; «La parte de Amalfitano» funciona como una *nouvelle* sobre la locura en sí misma; «La parte de Fate» se asemeja a un *thriller* cinematográfico; «La parte de los crímenes» funciona como una mezcla entre relato detectivesco y documental policial; y «La parte de Archimboldi», por su lado, sigue la estructura clásica de un *Bildungsroman*[8]. La heterogeneidad genérica en una obra singular, consecuentemente, produce evidentes cambios de tono, fórmulas y estilos narrativos, lo que hace que la sensación de fragmentación no sólo sea temática, sino también estilística: a fin de cuentas, produce significativos problemas a la hora de querer visualizar a *2666* como una unidad narrativa.

¿Puede considerarse *2666* una novela, entonces? ¿Puede considerársela como una unidad? Cada Parte pareciera tener su propio centro de gravedad "temático" y genérico que cohesiona su fragmentación interna. Esta narración derivativa controlada (la cual pareciese seguir la misma lógica de sus novelas cortas: un efecto parcial de fragmentación, que más allá de su efectismo parcial, remite a una red de significados que asocia los fragmentos dentro de un marco conceptual que les otorga sentido), funciona de forma relativamente estable dentro de los límites de cada parte. No obstante, fragmentos tales como el paseo de Morini pierden su "centro" una vez que se los mira en un contexto macro (esto es, las cinco partes vistas como un conjunto, una novela), en cuanto su ordenamiento jerárquico dentro de la obra narrativa (esto es, su relevancia, proyección, trascendencia en relación al resto de la fábula) devienen difíciles de categorizar dentro de un núcleo único o las normas genéricas de un estilo en particular. Para ponerlo de otro modo: nos encontramos con un dilema a la hora de interpretar un fragmento como el de Morini por la sencilla razón de que nos vemos obligados no sólo a leerlo de acuerdo a su parte particular, sino en relación a la novela en su totalidad -hecho que, innegablemente, a la vez que pone en diálogo dicho episodio con multitud de temas y subtemas presentes en la obra, pueden ocasionar en el lector, al menos en un primer nivel de lectura, un abandono en su intento por hilar puentes comunicantes y asumir el efecto "fragmentario" de *2666* como su condición inherente; como un asunto que no merece más explicación que una presunta entrega al "juego, pérdida, desperdicio y placer", para usar términos de Sarduy relativos al neobarroco (1974, 101).

Sentado esto, la aproximación analítica a *2666*, de acuerdo con nuestra perspectiva, puede seguir tres caminos relativamente distintos en vistas de resolver el dilema previo: en primer lugar, puede abandonar cualquier intento demasiado elaborado de establecer conexiones internas en *2666* para en cambio favorecer el análisis de la obra en torno a sus Partes de forma separada. Si bien esta operación de close-reading puede resultar provechosa por su atención al detalle, también pierde fuerza al reducirse el diálogo entre las Partes de *2666* a su mínima expresión. En segundo lugar, se puede buscar una aproximación crítica en donde una Parte particular sirva como piedra de anclaje para el resto de la novela. Esta Parte central ha sido identificada por la gran mayoría de la crítica como «La parte de los crímenes», la cual pareciese actuar como centro gravitatorio del resto de las Partes. No diré que tal aproximación es incorrecta, pues la trascendencia de dicha Parte es innegable; no obstante, el foco de atención excesivo en torno a ésta hace perder generalmente las proyecciones de sentido que otorgan el resto de las Partes, hasta el punto de considerarlas accesorias y hasta casi prescindibles; finalmente, se puede interpretar *2666* como una obra que necesariamente intenta establecer un diálogo por igual entre sus cinco Partes (noción que recibe, como se podrá suponer, mi mayor beneplácito); sin embargo, el problema supone no sólo descifrar las simbolizaciones propias de cada Parte, sino dilucidar su conexión y jerarquía interna. En otras palabras, supone intentar responder las siguientes preguntas: ¿cómo dialoga cada Parte más allá de su propio centro? ¿Hay una columna vertebral que efectivamente englobe a sus cinco macro episodios, o deberíamos rendirnos ante la estética del derroche antes mentada como respuesta final? ¿Tendríamos que considerarla como cinco novelitas independientes, unidas sólo por el capricho editorial de Roberto Bolaño? Veamos el problema con más detalle.

2.4. La novela del espacio

Al querer dilucidar el núcleo de *2666* en el apartado anterior —ya sea en sus personajes o en un núcleo argumental—, lo he hecho teniendo en mente la tripartición de tipos de novelas efectuadas por Wolfgang Kayser en su clásico estudio crítico *Interpretación y análisis de la obra literaria* (1970). En relación con el primer tipo de novela, esto es, la novela de personaje (el tipo de obra en la cual los protagonistas determinan su estructura), ya hemos argumentado que no corresponde en relación a *2666* en cuanto no hay personajes que trasciendan su propia Parte hasta el punto de convertirse en ejes constantes del relato. Fundamental a esta perspectiva es considerar a la novela como un continuum (si se la lee en orden, por ejemplo, a la hora que hemos llegado a «La parte de los crímenes» es fácil olvidar que alguna vez la novela empezó con cuatro críticos literarios). En definitiva, más importante que el simbolismo de los personajes centrales (los críticos, Amalfitano, Archimboldi, etc.) lo esencial es la relación dialógica que se establece entre ellos: no es cuestión que Archimboldi, por ejemplo, sea más central que Fate, sino que Archimboldi debe ser leído desde Fate, y viceversa (me explayaré posteriormente sobre esto).

El segundo tipo de novela que Kayser bosqueja es aquella denominada de argumento o acontecimiento. En ella, la estructura de la obra recae no en la presencia de uno o varios personajes en particular, sino en el desarrollo de un acontecimiento visto como una unidad; esto es, con un principio, medio y final. Es, al fin y al cabo, la noción de obra artística más cercana a la imitación poética aristotélica, en la cual la fabulación es más exitosa en cuanto más se acerca al retrato de una acción en particular. Ahora bien, cuando se habla de *2666* como una novela "fragmentada", ya sea de forma consciente o no, esta es la categoría desde la cual generalmente se la juzga: desde la mirada que busca el desarrollo de un argumento que pueda ser reducido a una estructura central, al desarrollo de una unidad de acción determinada —expectativa que se ve prontamente frustrada ante el desarrollo incesante de arcos y sub-arcos argumentales que carecen de una estructura fija—. Las razones de lo anterior deberían ser obvias para cualquier lector que se adentre en sus páginas: pues, tal como ya he expuesto, ni siquiera dentro de las mismas Partes se produce una cohesión interna concentrada en uno o dos acontecimientos centrales. El episodio de Morini con el mendigo anteriormente citado fue sacado a la luz justamente por este motivo.

¿Qué nos queda entonces? Pues bien, es aquí donde la tercera categoría de novela de Kayser deviene particularmente iluminadora: la novela del espacio. Según sus palabras, en este tipo de novela "lo que importa precisamente es la exposición de un mundo múltiple y abierto. El carácter de mosaico, la adición, es el necesario principio constructivo, y la abundancia de escenarios y personajes nuevos constituye una característica intrínseca" (Kayser 1970, 486). La necesaria "deriva" en torno a personajes y escenarios nuevos, por tanto, no se convierte en la novela del espacio exceso, sino riqueza. Siguiendo esta lógica, la representación entre los escenarios representados en *2666* no debería entenderse necesariamente como una suma arbitraria de contextos heterogéneos, mas, por el contrario, como un énfasis en la condición multiforme, paradójica y caótica de un solo espacio, un solo mundo.

Ahora bien, ¿cuánta gravitación tienen los personajes de *2666* al considerársela una novela del espacio? Brett Levinson menciona que las acciones de los protagonistas de esta novela no representan mayores consecuencias en relación al espacio en el cual se mueven (Levinson 2009, 182). Si bien difiero de las conclusiones finales de Levinson (sobre todo en lo que refiere a su tajante división entre política y literatura), estoy de acuerdo con esta premisa fundamental: los críticos, por ejemplo, serán simplemente espectadores de la degradación social que significa Santa Teresa, sin verse involucrados mayormente en su entorno y, sobre todo, no pudiendo lograr su mayor objetivo: encontrar a Archimboldi; los judiciales, por su parte, tampoco podrán hacer mucho más allá de la constatación reiterada de hallazgos de cadáveres —ninguna investigación lleva, efectivamente, a la aprehensión de algún culpable con evidencias concretas, o mucho menos a la suspensión de los asesinatos—; asimismo, la resolución del periplo de Fate es su huida de Santa Teresa, escapando de un conflicto que apenas se roza; y así ad infinitum. Los personajes de *2666* no son individuos que intervengan de forma decisiva en su espacio determinado, ya sea por pasividad o bien imposibilidad; con respecto a ellos, por tanto, podría afirmarse que son, más que agencias, prismas desde los cuales el lector concibe los espacios relativos a Europa, Estados Unidos y México —perspectivas que el lector acumula y pone en diálogo para posteriormente conformar la imagen de una totalidad.

Sumado a esto, esta lógica espacial tiene otra característica fundamental que merece ser detallada: la igual relevancia de los espacios representados. El ojo del narrador se distingue por justamente registrar de manera neutra la heterogeneidad de los distintos escenarios, no jerarquizando su diferencia ni centralizando ciertos espacios en desmedro de otros. Esto funciona tanto en un nivel micro como macro. Ilustremos esto, primero, a nivel micro: por ejemplo, en el siguiente fragmento de «La parte de los crímenes», en donde se detalla el hallazgo de dos muertas en las afueras de Santa Teresa:

> *Del uno al quince de agosto hubo una ola de calor* y fueron halladas otras dos muertas. La primera se llamaba Marina Rebolledo y tenía trece años (…). Era morena y de pelo largo, de complexión delgada, y medía un metro y cincuentaiséis (…). El quince de agosto fue hallado el cadáver de Angélica Nevares, de veintitrés años (…). Angélica Nevares era natural de Culiacán, en el estado de Sinaloa, y desde hacía cinco años vivía en Santa Teresa. *El día dieciséis de agosto la ola de calor remitió y empezó a soplar viento de las montañas, un poco más fresco.* (2004, 645-646; mis cursivas)[9]

El tono del fragmento anterior es similar al tono de toda esta parte: frío, presuntamente imparcial, propio de un discurso forense. Un pequeño detalle es lo que me propongo a analizar: la mención del clima. Pues el párrafo aquí citado se abre con una referencia a la ola de calor creciente y termina con su desaparición, estando la descripción de los cadáveres entre ambas menciones. ¿Qué podemos concluir de esto? La ausencia de una jerarquía discursiva que ponga en un primer plano los asesinatos que deberían escandalizarnos a nosotros, como lectores, éticamente. Pues, en términos sintácticos, la estructura del párrafo mismo pone al mismo nivel la emergencia y desaparición de una ola de calor junto con el hallazgo de dos cuerpos. El narrador, en este sentido, juega el papel de un observador autómata, neutro, incapaz de distinguir ni jerarquizar sucesos en un paisaje aparentemente homogéneo. Esto es la lógica espacial en su expresión más chocante, en su manifestación más difícil de digerir: la representación de una ola de calor, por un lado, y los cadáveres femeninos, por el otro, como partes indisolubles de un mismo espacio en donde nada es particularmente sobresaliente. La perspectiva del narrador, en este sentido, es la mirada de un paisajista que no juzga, sino que sólo retrata mecánicamente los elementos constituyentes de un espacio, sin visualizar en ellos lógica interna alguna.

Esta es, como espero detallar en el siguiente apartado, una mirada que se produce a un nivel macro en todo *2666*: la pérdida de centro para favorecer, en cambio, un dialogismo sin jerarquía entre los distintos espacios representados. El efecto final es que las diferencias entre las zonas se difuminan y terminan por contaminarse las unas a las otras; lo que, a su vez, cimenta la noción de que todos los espacios representados son, por contradictorios y disímiles que sean en su contraste, partes de un mismo mundo, partes de una misma unidad indisoluble: partes, en definitiva, de una misma totalidad.

A pesar de lo dicho, no obstante, quisiéramos comenzar con un problema común con aquellas novelas que se basan en una lógica espacial: la posibilidad de su expansión hacia el infinito, el problema de poner el punto final. Al contrario de las novelas de personaje, que anclan su desarrollo alrededor de un(os) individuo(s) específicos, o bien aquella de argumento, cuya unidad y progreso poseen una trama lógica y cohesionada con un desenlace, la novela del espacio es, por naturaleza, aquella cuya expansión no está determinada, necesariamente, por una estructura diegética unitaria o lineal. A fin y al cabo, la representación de un mundo agradece la multiplicidad de acciones y representación de espacios; el cierre de la representación, por tanto, pareciese tener siempre necesariamente un carácter arbitrario. En relación con esta problemática, entonces, cabe preguntarse en qué medida cada Parte presente en *2666* justifica su presencia. Pues, volviendo a las preguntas con las cuales inicié esta investigación, ¿hay partes (y Partes) indispensables en *2666* y otras prescindibles? Y si la respuesta es sí, ¿cuáles serían unas y las otras? O si bien, por el contrario, cada una demuestra ser un elemento imprescindible de un sistema que las engloba, ¿cómo dialoga cada parte (y Parte) en relación a las otras? ¿Hay algún equilibrio en *2666*, o es sólo la suma caprichosa de una serie de unidades?

Nuestra respuesta es que sí hay una estructura interna de *2666*: una forma discursiva, que, a la vez que permite el despliegue de unidades singulares de forma fragmentada, inexorablemente las pone en diálogo. Dicha figura es el quiasmo.

2.5. *El quiasmo*

El quiasmo es aquella figura que "consiste en la disposición en cruz de los elementos que constituyen dos sintagmas o dos proposiciones ligadas entre sí" (Marchese y Forradellas 1986, 340). Un ejemplo sencillo pueden ser los siguientes versos de Góngora: Cuando pitos, flautas / cuando flautas, pitos. En aquellos versos, puede verse como dos unidades conceptuales ("pitos", A; y "flautas", B) son dispuestos de manera en que el orden de presentación, una vez desplegados A y B, se vuelve a reproducir, pero esta vez a la inversa (AB/BA). Sentado esto, nuestra propuesta teórica consiste en que *2666* organiza la representación de sus distintos espacios bajo una lógica quiasmática. Esta última opera principalmente en torno a dos esferas conceptuales: una referente a la utopía y la otra a la barbarie. En la primera, podemos encontrar abstracciones tales como la cultura letrada, el concepto de progreso moderno y la misma noción de civilización. En la segunda, nos vemos enfrentados a los asesinatos de Santa Teresa, el Holocausto, la explotación laboral neoliberal, la discriminación racial y la genérica-sexual. La presentación de ambas esferas aquí descritas someramente están presentes a lo largo de toda la novela; no obstante, la gradualidad en que se nos presentan está dispuesta bajo la lógica del quiasmo: se empieza en el terreno de la utopía («La parte de los críticos»), para luego paulatinamente introducirnos en aquella de la barbarie («La parte de Amalfitano», «La parte de Fate», «La parte de los crímenes»); a continuación, presenciamos la operatoria de paralelismo inverso desde «La parte de Archimboldi»: pasamos de la barbarie —la Segunda Guerra Mundial— a lo utópico otra vez —la experiencia de Archimboldi como un escritor consagrado—. El final, consecuentemente, es una vuelta al inicio, un regreso a la cultura letrada; es decir, una operación circular propia de la figura del quiasmo.

Supuesto esto, ¿cuál sería la consecuencia de considerar una conformación quiasmática a la hora de percibir el discurrir narrativo de *2666*?

Comparemos esta noción de estructura quiasmática con anteriores aproximaciones teóricas en torno a *2666*. Puede ser muy fácil, por ejemplo, pensar en *2666* como una novela cuya estructura funciona bajo la lógica de una pirámide inversa, un "descenso a los infiernos" cuyo centro es Santa Teresa. Pensando, por ejemplo, en el dualismo utopía/barbarie recientemente mentado, no es de extrañar que muchos hayan visto a las Partes que anteceden a «La parte de los crímenes» como representaciones de determinadas esferas culturales y sociales que nos preparan para la verdadera esencia de *2666*: las muertas de Santa Teresa. Aunque, reitero, es innegable la trascendencia de dicha Parte, dicha lectura se encuentra con un problema fundamental: la existencia de una quinta Parte, aquella de Archimboldi. Pues si la estructura de la novela estuviese pensada en que todo gravitase en torno a la cuarta como el hoyo negro a la cual todas apuntan, lo más lógico sería que «La parte de Archimboldi» antecediese a aquella o, incluso, que no existiese en absoluto. No obstante, su presencia al final de la novela disloca el esquema de la pirámide inversa (pensamos haber llegado al meollo, para sin embargo acceder a otro nivel más profundo, más antiguo de barbarie) y sobre todo, debido a su final (Archimboldi yéndose a Santa Teresa) supone un vuelco de tuerca que vuelve a reestablecer el statu quo propio de la primera parte (si bien de forma relativa, como detallaré en breve).

La fuerza del quiasmo, sin embargo (a diferencia, por ejemplo, de otra figura que se le acerca, la antítesis), es que no es una figura que funcione con una lógica de oposición o dicotomías, sino más bien lo contrario: opera bajo la lógica de la continuidad, de la transición, de la interacción (Fancher 2014, 81-82). El quiasmo reviste todo lo que engloba bajo el molde de una unidad; y, a la vez que favorece la visión de elementos dispares como parte de un todo, hace explícitos los puentes vinculantes entre los mismos. No es sólo, como pudiese pensarse, la enumeración de ciertos elementos y luego su repetición en orden inverso; pues dicha repetición a la inversa necesariamente hace que nosotros, como lectores, revistamos de un sentido renovado a los elementos ya conocidos al verse su orden alterado. Para ponerlo en términos simples: volviendo a los versos de Góngora con los cuales inicié este apartado (Cuando pito, flautas/ cuando flautas, pitos), nosotros, como receptores, aunque reconocemos en la inversión la repetición de los constituyentes ya presentados, los vemos situados en un espacio estructural diferente. Aquello, inexorablemente, influye en nuestra percepción: pues, para ponerlo en un lenguaje metafórico, el paralelismo inverso hace que percibamos a A con los ropajes de B y viceversa. Volviendo a *2666*, en «La parte de Archimboldi» volvemos a la Europa después de un largo rodeo. La representación de esta última, la cual hemos asimilado por medio de «La parte de los críticos», puede ser leída en un principio tan ilustrada como hipócrita, si bien ausente de violencia. No obstante, dicho retrato de tan cínico progreso es socavado inmediatamente una vez que iniciamos la quinta y final parte: pues la carga barbárica de «La parte de los crímenes» es continuada casi inmediatamente en la Segunda Guerra Mundial, cuestión que pone de relieve su continuidad, antelación y paralelismo en un espacio que la misma novela se había encargado de retratar como su opuesto. El efecto final es que el espacio reservado a la cultura se vuelve propio de la barbarie, haciendo difusa su separación —en un principio— bastante delimitada por la propia fábula de la novela.

En definitiva, la crítica de Bolaño no tiene sentido si el retrato de la barbarie no tiene, a su vez, el germen de la esfera cultural en ella. Pues el mayor éxito de la figura del quiasmo en *2666* es evitar un esencialismo de la violencia y lo barbárico ligado a un espacio particular: se evita, consecuentemente, pensar a dichas categorías como algo exclusivo de lo mexicano, —o incluso, de lo latinoamericano— para, en cambio, hacerlas partes constitutivas de los otros espacios representados (las metrópolis). La disposición de las Partes de *2666*, en este sentido, no es el fruto de un accidente: es un proyecto estético que busca retratar la paradoja, el caos en una totalidad dialéctica en la cual el orden de sus elementos influye en su percepción como un todo. En palabras del propio Bolaño: "cada texto, cada argumento exige su forma. Hay argumentos o situaciones que piden una forma traslúcida, clara, limpia, sencilla, y otros que sólo pueden ser contenidos en formas y estructuras retorcidas, fragmentarias, similares a la fiebre o al delirio o a la enfermedad" (Braithwaite 2006, 106). *2666* es la fiebre, el delirio y la enfermedad, así como también la claridad, limpieza y sencillez. El gran éxito de *2666* es exponer los puentes ocultos entre ambos espectros, en revelar los vínculos entre la luz y la oscuridad. Y eso, en definitiva, nos muestra cómo su divorcio es artificioso cuando se es parte de una misma totalidad.

2.6. *El narrador realista*

Comenzamos nuestra discusión postulando que la construcción de una totalidad en *2666* correspondía a una razón estética y a otra ética. La estética se alinea con la propia idea de Bolaño de escribir una "obra colosal"[10]. La noción ligada a la escritura de una obra maestra, asimismo, también encuentra su defensa en el propio texto de *2666*:

> Qué triste paradoja, pensó Amalfitano. Ya ni los farmacéuticos ilustrados se atreven con las grandes obras, imperfectas, torrenciales, las que abren camino a lo desconocido (...) quieren ver a los grandes maestros en sesiones de esgrima de entrenamiento, pero no quieren saber nada de los combates de verdad, en donde los grandes maestros luchan contra aquello, ese aquello que nos atemoriza a todos, ese aquello que acoquina y encacha, y hay sangre y heridas mortales y fetidez. (2004, 289-290)

La estructura del quiasmo, si bien no perfecta, supone la erección de una columna vertebral que organiza la vastedad fragmentaria de *2666*. Vista así, podría considerársela en la misma línea que las grandes novelas totales alto-modernistas, en las cuales su multiplicidad y heterogeneidad son cohesionadas por una macroestructura narrativa o bien un modelo pseudomítico (Jameson 2013, 152). No obstante, *2666* no sólo supone un rompecabezas estructural y estético para su hipotético lector, sino también —y sobre todo— presume una pregunta ética. Pues el centro de la estructura quiasmática —«La parte de los crímenes»— alude a las muertas de Ciudad Juárez desde inicios de los noventa, tragedia humana que hasta el día de hoy sigue siendo objeto de debate y numerosas formas de representación y duelo[11]. La cuestión de cómo deberíamos nosotros leer dicho archivo necrológico, como toda literatura que trata sobre temas particularmente cruentos relativos a nuestra realidad concreta, se abre entonces a todo lector que se adentre en sus páginas.

Mencionábamos anteriormente cómo la barbarie de «La parte de los crímenes» se encontraba soterrada en sus partes antecesoras, para luego encontrar su continuidad en «La parte de Archimboldi» y su posterior atenuación ya hacia el final de esta. Aunque en términos intradiegéticos supone ser el centro de la estructura narrativa de *2666*, su operación de registro casi literal de todos los casos de feminicidio de Ciudad Juárez hasta finales de los noventa, en donde las variantes en su escritura son sólo el cambio de nombre de las víctimas y ciertas historias ficcionales que rodean el encuentro de los cadáveres[12], requiere que el pacto de lectura necesariamente se vea alterado en relación a las otras partes. Esto último, consecuentemente, provoca que cierto resto indigesto de lo real pueda percibirse a lo largo de toda la obra. Podría decirse, en pocas palabras, que el horror de lo real concreto contamina la ficción en *2666*. Lo anterior necesariamente produce un efecto macro en donde las divisiones entre literatura, ficción, testimonio y archivo empiezan a resquebrajarse en la novela misma. ¿Pero cómo sucede exactamente esto?

En primer lugar, una necesaria definición de qué es lo que entendemos por "realismo" debe ser esbozada para luego explorar su aplicación y efecto en la totalidad de *2666*. Dicha categoría, como ya se ha insinuado, adquiere particular relevancia en «La parte de los crímenes» por su cercanía a la trágica serie de feminicidios en Ciudad Juárez. No obstante, ¿puede clasificarse «La parte de los crímenes» como "realista" propiamente tal? Y si la respuesta es positiva, ¿es el gesto realista de Bolaño uno esencialmente anacrónico, uno que quizá refiera a las pretensiones naturalistas del siglo XIX de capturar lo real a modo de fotografía? Y si no es así, ¿cómo es posible volver a una especie de realismo que no se encuentre deslegitimizado desde un principio por la propia evolución de los discursos literarios en nuestros tiempos posmodernos?

Vayamos a la definición más clásica de narrador realista: aquella que es propia del siglo XIX. Según Kayser, aquel narrador (identificable con figuras tales como Stendhal, Balzac o Flaubert) buscó adquirir un estatus "omnisciente (…) olímpico" (1970, 461), lograr una condición en donde tuviese una visión panorámica sobre lo descrito y funcionase como un vaso comunicante transparente con la realidad concreta (actitud que fue aumentando en un pretendido cientificismo con el paso del Realismo al Naturalismo). No obstante, la crisis de dicho narrador ya data del principio del siglo XX, en cuanto su estatus sufrió una profunda transformación debido a la crisis epistemológica del discurso moderno. Félix Martínez Bonati describe este cambio con las siguientes palabras:

> [L]lega a fragmentarse el sujeto narrativo, repartiéndose en las consciencias de los personajes (…) se prescinde del instrumento de certificación de los hechos ficticios que constituye el discurso

> de un narrador primordial (...). [Es una] retracción cognoscitiva a la subjetividad causal. (1995, 8)

El narrador, por tanto, deviene uno que desconfía en los discursos maestros: aquella seguridad de palabra que caracterizaba a los narradores del siglo XIX desaparece para, en cambio, dar paso al privilegio de una perspectiva subjetiva (las miradas singulares, individuales) como el último punto de contacto con lo real concreto que aún posee algo de legitimidad. Por supuesto, aquel paso al subjetivismo moderno implicó una ambigüedad en la percepción (y consecuentemente, narración) que iban de la mano, consecuentemente, con lo que implicaba pasar de una visión panorámica a una singular.

Sin duda, tal ambición de totalidad (en relación con un "narrador-dios" que controla su mundo representado a la perfección), propia del siglo XIX, es algo que ya irremediablemente se encuentra perdido en nuestra contemporaneidad, en cuanto el cambio epistemológico posmoderno no hizo más que acentuar el divorcio entre signo y referente. No obstante, a pesar de los vítores deconstruccionistas que celebraron y aún celebran el predominio del texto como la única categoría dominante, la verdad es que la categoría de "realismo" nunca ha sido abandonada en la producción literaria contemporánea: géneros tales como la novela documental estudiada por Barbara Folley o bien la categoría testimonio teorizada por John Beverley son ejemplos relativamente recientes de literatura que establecen un pacto de lectura que depende esencialmente de su vínculo con lo real concreto[13]. Sentado esto, ¿cómo calza Bolaño en relación a este panorama contemporáneo y su compleja relación con el concepto "realismo"?

El primer paso para empezar a responder lo anterior es detenerse en la figura del narrador mismo en *2666*. Este último puede caracterizarse, salvo contadas excepciones, como uno que evita emitir juicios valóricos explícitos en relación a lo representado[14]; y en segundo lugar, como uno que se abstiene de poner lo representado bajo un marco conceptual que racionalice todo lo presentado de forma estable (siendo el ejemplo más chocante «La parte de los crímenes», en el cual el narrador simplemente describe los hallazgos de cadáveres sin ponerlos —bajo su voz autorial— en un contexto que los ponga en una lógica de causa-efecto concreta). Asimismo, aquella subjetivización presente en los narradores de principios del siglo XX es algo que, si bien se encuentra presente en la novela, no es el discurso dominante (como sí lo es, a modo de comparación, en *Los detectives salvajes*): pese a que hay fragmentos de relatos dominados por una voz homodiegética narrada en primera persona, la voz narrativa primordial es esencialmente una de tercera, la cual engloba todas las voces que se presentan a lo largo de la novela.

¿Cómo podríamos resumir, entonces, las características del narrador de *2666*? Pues, para ponerlo en términos simples, como un narrador de una tercera persona, heterodiegético, con un reiterado del estilo indirecto libre. El uso de este último, asimismo, pone en constante duda cómo deberíamos aproximarnos a lo reproducido, especialmente cuando nos aproximamos a los pensamientos de un personaje en cuestión: el uso del estilo indirecto libre estimula la posibilidad de que todo lo reproducido pueda ser interpretado con un doble sentido, teniéndose la ironía, consecuentemente, como una figura omnipresente en toda la novela. Perdida la seguridad del narrador del siglo XIX, alejado de una perspectiva subjetivista del siglo XX, el narrador de *2666* es uno que vuelve a la figura de un narrador externo, comúnmente asociado al relator clásico realista, pero con la salvedad de ser una voz omnisciente que, en primer lugar, se guarda de valorizar y jerarquizar lo representado, y cuya mayor fuerza de crítica se encuentra en la constante posibilidad de leerse de manera contradictoria y burlona.

Es esta una operatoria, que, debemos acotar, no carece de antecedentes, pues lo mismo ya se ha dicho y estudiado largamente en relación, por ejemplo, a *Madame Bovary* de Flaubert[15]. Aún así, si nos viésemos en la necesaria obligación de distinguir al narrador de *2666*, quizá su característica primordial sería la carencia de afecto: pues aunque Flaubert, para seguir con el ejemplo anterior, se caracteriza por un uso de un lenguaje y simbolismo romántico (en el sentido genérico) que puede ser leído perfectamente como parodia, en Bolaño el silencio y la indeterminación juegan un papel primordial:

silencio, en primer lugar, en el sentido que el texto reproduce mecánicamente lo que retrata, por medio de una mirada blanca, neutral, minimalista, que refiere y refiere pero no comenta nada (discurso que alcanza, como ya he mencionado, su clímax en «La parte de los crímenes»); y en segundo lugar, indeterminado, en el sentido que ni siquiera cuando nos adentramos en el mundo interior de los personajes hay una conceptualidad, visión de mundo o afectividad clara: los mismos individuos devienen cajas fuertes cerradas, cuya misma subjetividad deviene un terreno sombrío, inexpugnable.

Podría pensarse, en consecuencia, que el narrador de *2666* es afín a la figura del narrador "blanco" que Jameson le atañe al relator posmoderno, en el sentido que no hay un centro cultural o valórico desde el cual pueda anclarse para efectivamente hacer parodia[16]. No creemos que este sea el caso. Pues fundamental es preguntarse cuál es el rol de dicho supuesto narrador blanco a la hora de acercarse a lo más cruento y tortuoso de lo real concreto —como es, en el caso que nos convoca, las muertas de Santa Teresa/Ciudad Juárez.

Para empezar a responder esta pregunta, vale la pena mencionar, justamente, una reflexión de Jameson en torno a Alexander Kluge, artista alemán contemporáneo. Jameson, en su estudio *The Antonomies of Realism* (2013), sopesa la posibilidad de una vuelta al realismo en nuestros tiempos posmodernos. Para ello, cita un fragmento del escritor alemán mentado que narra la insurrección de un asilo en Venecia, episodio que terminará con la represión sangrienta del ejército de dicha sublevación (188). Si bien Jameson considera que el estilo de Kluge no tiene "paralelismo alguno en el mundo", si uno lee el fragmento en cuestión puede uno inmediatamente ver una similitud con Bolaño, en cuanto la descripción de la tragedia está narrada por una voz discursiva carente de emoción, puramente anecdótica, con una frialdad que la hace, en palabras de Jameson, acercarse a un cierto discurso periodístico del *fait divers*, en el sentido que uno puede leer el fragmento en cuestión como uno lee, de forma distraída, una nota informativa en un diario cualquiera. No obstante, como el mismo Jameson reconoce, dicha abstracción de lo afectivo en vistas de un volcamiento puro hacia la carga anecdótica bien puede ocasionar, para nosotros lectores, justamente el efecto contrario: pues ahí donde la afectividad en la voz autorial se encuentra ausente —el enjuiciamiento ético, la empatía valórica, o bien la repugnancia, el horror frente a los hechos presentados— el lector, de forma casi instintiva, se encarga de rellenar el vacío, teniendo en este sentido el texto un efecto de shock igual o aún más potente que el discurso que intenta "dramatizar" lo narrado. En palabras de Jameson: "the withholding of emotion or affect (…) is meant on them to make such feeling and inner turmoil emerge all the more powerfully for the reader. The absence is as profoundly expressive as its overt externalization in other writers, particularly those of a 'maximalist' persuasion" (2013, 191). Esta es, consecuentemente, la estrategia narrativa de Bolaño en todo *2666*, sobre todo en lo que concierne a las muertas de Santa Teresa. La fría escritura con marcado carácter forense está destinada, justamente, a causar en el lector lo contrario al sopor narrativo que induce: pues la representación mecánica y reiterada de lo trivial y lo violento, elementos narrados sin aparente orden jerárquico, conducen a que la pregunta por un marco valórico y racional sea lo primero que emerja en el lector de *2666* de manera más potente.

Es ahí donde la novela, justamente, empieza a convertirse en un gesto político frente a nuestra contemporaneidad: trasciende el nivel literario para forzarnos a mirarnos al ombligo, a examinar el horror concreto de nuestra historia presente a partir de la lectura de un listado necrológico cuyo estatus entre literatura y archivo es ambiguo.

2.7. *La totalidad lukacsiana en 2666*

¿Puede clasificarse, entonces, a *2666* como "realista"? Para responder a dicha pregunta, debemos hacer una necesaria distinción entre el realismo decimonónico como escuela literaria y el realismo literario como categoría objetiva. El primero se diferencia del segundo en el sentido que refiere a una determinada manera de escribir que fue orgánica a la evolución del narrador novelesco en pleno siglo XIX: un narrador, como ya he mencionado, que favorecía la visión de un todo a partir del uso de una tercera persona omnisciente, la cual, a la vez que retrataba distintos escenarios, personajes y acciones, juzgaba y jerarquizaba lo representado bajo los parámetros de un marco valórico claramente establecido[17]. Ahora bien, el realismo como categoría objetiva, por el contrario, refiere no tanto al uso de un estilo literario en particular, sino a un objetivo primordial: un retrato fidedigno de la realidad concreta.

Es en este momento en donde las ideas de Georg Lukács relativas al realismo y a la totalidad (dos conceptos, como espero demostrar prontamente, íntimamente relacionados) resultan particularmente útiles para aproximarnos a *2666*, y donde un largo paréntesis se hace necesario para exponer claramente su fundación teórica. Lo esencial, según el crítico húngaro, era desprenderse de un subjetivismo narrativo en la representación estética y ser capaz de proyectar, en la obra de arte, la superestructura reinante, aspirando al mayor objetivismo posible. En sus palabras:

> The basis for any correct cognition of reality, whether of nature or society, is the recognition of the objectivity of the external world, that is, its existence independent of human consciousness. Any apprehension of the external world is nothing more than a reflection in consciousness of the world that exists independently of consciousness. This basic fact of the relationship of consciousness to being also serves, of course, for the artistic *reflection of reality*. (Lukács 2005, 25; mis cursivas)

Un arte realista, entonces, es uno que admite la existencia objetiva de lo propiamente real como una entidad independiente de la percepción humana; uno que, básicamente, si bien refleja humanamente (a falta de un adjetivo mejor) las condiciones externas del individuo, no se autoengaña en creer que todo lo representado es necesariamente relativo a nuestra subjetividad y perspectiva, sino que nace de una realidad concreta que es experimentada y vivida como colectivo. En este sentido, la ambición de representar de forma objetiva lo real concreto adquiere preponderancia sobre una mirada que se enfoca en la percepción misma como su foco principal.

Ahora bien, Lukács, al contrario de lo que comúnmente se cree, no estaba ciegamente a favor de la escuela realista en oposición al modernismo y vanguardismo emergente del siglo XX; sólo hay que ver su desprecio por la corriente naturalista para darse cuenta que no toda forma del "realismo tradicional" le satisfacía[18]: pues aunque el naturalismo se había propuesto retratar lo real concreto por medio de una aproximación exclusivamente racional y científica, carecía, según Lukács, de un elemento fundamental en relación a su ideal realista: la representación dialéctica de los elementos representados. Pues el mayor interés de Lukács era, en pocas palabras, una literatura que estableciese un diálogo entre lo representado y la infraestructura de la cual nacían, efectivamente, los escenarios retratados; dicho de otro modo, que el lector fuese capaz, a partir de la lectura de un fragmento de discurso, de intuir el fragmento en cuestión como una parte orgánica (pero no por ello exenta de conflicto) de un todo. En sus propias palabras:

> [T]he crux of the matter is to understand the correct dialectical unity of appearance and essence. What matters is that the slice of life shaped and depicted by the artist and re-experienced by the reader should reveal the relations between appearance and essence without the need for any external commentary. (2001, 1037-1038)

En otro de sus ensayos, agrega:

> [A]ny partial truth that is separated from the whole and fixed rigidly on itself, while giving itself out as the whole truth, is necessarily transformed into a distortion of the truth. (1981, 55)

La percepción fragmentada (en cualquiera de sus manifestaciones culturales y estéticas), en este sentido, es concebida por Lukács como un efecto alienador del sistema capitalista, el cual, en sus momentos de mayor consolidación, es capaz de esconder su propia condición de sistema. Por el contrario, la visión del todo vía una estética es una operación esencialmente des-alienadora, en cuanto trasciende la fragmentación cultural propia de una sociedad capitalista para alcanzar, en cambio, una toma de conciencia de su carácter sistemático y reificador. El arte realista, en conclusión (siempre siguiendo a Lukács) deviene, entonces, algo mucho más complejo que un determinado estilo de escritura, sino que se transforma esencialmente en una herramienta social y cultural que busca tensionar la reificación propia de los efectos sociales del capitalismo y hacer entrar en diálogo sus elementos aparentemente aislados como partes de un todo.

Ahora bien, sabidas son las preferencias artísticas de Lukács que calzaban, según su criterio, con su ideal de un realismo dialéctico: Thomas Mann, Gustave Flaubert y Maxim Gorky, por mencionar algunos, en contraposición al modernismo "decadente" de Kafka o bien el expresionismo de Ernest Bloch. Discutir y defender los méritos literarios de los segundos (sin desmerecer a los primeros, por supuesto) están más allá de los propósitos del presente libro (y no es algo, obviamente, que la academia no haya hecho a estas alturas); no obstante, a pesar del rígido criterio estético con el cual Lukács juzgaba a las obras narrativas del siglo XX, aquella concepción de un realismo dialéctico ciertamente permanece como un ideal estético que tiene hoy más preponderancia que nunca: pues si efectivamente la sociedad occidental ha entrado en un nuevo período de globalización post-caída del muro de Berlín, ¿cómo es posible que no exista una estética que no busque, justamente, retratar dicha condición global de nuestra cultura contemporánea, retratando espacios sociales, geográficos y culturales que se encuentran en un constante proceso de diálogo e influencia?

Ya nos hemos referido antes al paralelismo entre nuestra época supuestamente globalizada por vez primera y la existencia de una literatura "mundial"; es necesario referirse ahora al hecho de que la tendencia histórica reciente ha tendido a privilegiar (tanto en su proceso de creación como en su recepción crítica) a una producción cultural centrada en percepción de una serie fragmentada más que en la proyección de un sentido de unidad (algo irónico dado a las proclamas de globalización ya mentadas), hasta el punto en que podríamos decir que el mayor miedo de Lukács se ha hecho una realidad: que una estética centrada en el fragmento, la incertidumbre y en la multiplicidad de miradas subjetivistas ha pasado de ser lo que el lector tiene en su horizonte de expectativas a la hora de abordar cualquier literatura contemporánea que se haga de respetar[19]. Sin embargo, cierto es que el apogeo del concepto de *posmodernidad* y la estética que comúnmente se asocia a dicha corriente histórica se encuentra en claro declive (tanto en su discusión teórica como en su expresión estética más radical) y que, asimismo, estudios críticos recientes ya mencionados aquí han intentado mostrar de forma más insistente el carácter global de la literatura latinoamericana y peninsular de nuestra actualidad. Si la generación "global" que define Héctor Hoyos, por ejemplo, es efectivamente un punto de quiebre en relación a la visión de un todo es, según nuestra perspectiva, algo que aún está por verse, y quizá sea objeto de un futuro estudio; pero por ahora (y para volver a nuestro objeto de análisis después de un largo rodeo), se busca demostrar aquí cómo Roberto Bolaño es uno de los escritores latinoamericanos que más claramente representa un regreso al espíritu de aquel "realismo dialéctico" al cual se refería Lukács, y que al mismo tiempo supone un giro estilístico en relación a cómo este realismo ha sido concebido estéticamente (y aquí incluyo las opiniones del propio crítico húngaro). En otras palabras, el proyecto de *2666* es uno que representa un renovado compromiso con lo real concreto pero sin ser "realista" en el sentido en que tradicionalmente se entiende.

Obviamente, tal aseveración merece ser argumentada. Para empezar, el realismo lukacsiano al cual se ha hecho mención puede identificarse esencialmente por dos características fundamentales: en primer lugar, la proyección de un mundo sistemático, cohesionado, en el cual, si bien no se nos muestra directamente una totalidad, podemos intuirla por medio de la representación de las relaciones que establecen los personajes con su entorno; y en segundo lugar, la representación de dicha totalidad cumpliendo un cierto rol simbólico y dialógico en relación a nuestra realidad concreta. Pues bien: es nuestra postura afirmar que *2666* calza —mas de forma heterodoxa— en ambas definiciones, ya sea en tanto en relación a la proyección de una totalidad interna como en un sentido alegórico con nuestro acontecer histórico actual.

La primera condición, la cual desarrollaremos con más profundidad en apartados posteriores, es la construcción de una totalidad dialéctica. Cuando se postula aquí que Bolaño construye una totalidad, lo que se hace es aseverar que ningún espectro conceptual de su novela puede ser entendido sino en relación dialógica con aquellas que no se encuentran explícitamente ahí. En otras palabras: la barbarie nunca puede ser entendida sin ver en ella también el rostro de la utopía, o bien la épica y la locura, dos espectros que también serán posteriormente analizados, establecen asimismo una constante relación dinámica que las hace indivisibles. Todo en su conjunto conforma un todo interrelacionado, en donde ningún elemento hace sentido sin antes visualizar la estructura que la contiene.

La segunda categoría, aquella que tiene que ver con un rol des-alienizador de la literatura en relación con nuestra realidad concreta, es en lo que nos enfocaremos en el siguiente apartado.

2.8. *Santa Teresa versus Ciudad Juárez, o el mito versus la historia*

Bolaño, en una entrevista televisiva, y hablando de manera general sobre Georg Perec, defendió alguna vez la capacidad de una obra literaria de tener un efecto concreto que trascendiese sus meras páginas, que resonase en lo que comúnmente llamamos "lo real". En sus propias palabras: "un texto que lo leas y que te entretengas nada más, y que eso sea la finalidad del texto, tiene una vida cortísima. Los textos tienen que tener espejos desde donde ellos se miren a sí mismos y vean también qué hay detrás suyo" (Galicia 2013, s/p). *2666*, más que ninguna otra novela de Bolaño, pareciese seguir esta regla a la perfección, en cuanto la erección de su totalidad no sólo funciona como una construcción conceptual y estética autosuficiente, sino que busca efectos cercanos al testimonio en cuanto realismo e impacto social se trata. La coexistencia de la lista de muertas con las ficciones que la rodean produce una particular tensión: un doble movimiento que obliga a pensar a las ficciones presentes en *2666* como necesarias alegorías en torno a la tragedia humana de Ciudad Juárez, así como también considerar a esta última, gracias al proceso de literaturización de la novela misma, como símbolo de una barbarie más profunda que nos apremia a cuestionar nuestra civilización como un todo.

Profundicemos en lo anterior. Bolaño, cuando se le preguntó acerca de su visión del infierno, respondió: "Como Ciudad Juárez, que es nuestra maldición y nuestro espejo, el espejo desasosegado de nuestras frustraciones y de nuestra infame interpretación de la libertad y de nuestros deseos" (Braithwaite 2006, 77). ¿Por qué su representación, entonces? ¿Responde a un deseo de retratar el presente como una distopía apocalíptica, como han mencionado algunos? ¿La representación última del mentado nihilismo que se le atañe al escritor chileno?

Recordemos que en la fecha de publicación de *2666* (2004), los feminicidios de Ciudad Juárez no tenían la popularidad que tienen hoy en día. *Huesos en el desierto*, de Sergio González (obra que muchos han visto como la contraparte periodística de *2666*) sólo había visto la luz dos años antes (2002). Si bien los asesinatos eran conocido asunto nacional y empezaban a tener notoriedad más allá de sus fronteras, la gigantesca industria mediática que se armó alrededor de ellos aún era inexistente[20]. Aunque entro en terreno conjetural, cabe la posibilidad que Bolaño, ya consciente de su propio éxito y reconocimiento tardío como escritor, haya decidido usar su recientemente adquirida fama para poner encima de la mesa un tema que le llamaba la atención y preocupaba en demasía. Vista así, «La parte de los crímenes» se acercaría a ciertos rasgos del testimonio, en cuanto más allá de su valor literario lo primordial sería su agencia política que buscaría tener mella en un contexto sociohistórico particular.

No obstante, si el objetivo es denunciar y dejar al desnudo los feminicidios en Ciudad Juárez, ¿por qué la decisión de Bolaño de cambiarle el nombre por Santa Teresa? Cabe destacar que casi todas las otras ciudades en *2666* conservan su nombre real[21]; ¿por qué

Ciudad Juárez no, considerando la importancia que tiene la urbe dentro de la misma novela? ¿Es entonces el propósito de Bolaño crear una ciudad totalmente ficticia, desapegada y libre de nuestra realidad concreta? Evidentemente no: pues, como ya se ha documentado, Ciudad Juárez es la materia prima de la cual nace «La parte de los crímenes». ¿Pero es que Bolaño buscaba retratar entonces la realidad objetiva del modo en que los escritores realistas del siglo XIX pensaban que era posible? La decisión de cambiar el nombre a Ciudad Juárez a Santa Teresa estaría apuntando a lo contrario, pues es un gesto que esencialmente nos aleja de la realidad concreta. La respuesta, entonces, y tal como todo lo que concierne a esta novela, se encuentra en un punto medio, tenso, que deja a *2666* como una obra que se encuentra, en relación a Santa Teresa/Ciudad Juárez, entre el *mito* y la *historia*; ambigüedad que, cabe destacar, hace explotar su fuerza en ambos sentidos.

Veamos el problema con más detalle. Por un lado, nombrar "Santa Teresa" a Ciudad Juárez (y cambiar el nombre de sus víctimas) corresponde, entre otras cosas, al deseo de des-exotizar la ciudad mexicana en cuestión (es decir, evitar interpretaciones del estilo "esto sólo sucede en México") para, en cambio, no sólo elevarla en condición de símbolo de la tragedia latinoamericana, sino que hacerla trascender como un símbolo del sacrificio humano (y de la barbarie perpetua) que permanece en nuestros tiempos globalizados y neoliberales. La fuerza mitológica de dicho hecho, por ejemplo, se nos presenta explícitamente en un episodio de «La parte de Fate» cuando Guadalupe Roncal, periodista mexicana, al referirse a los feminicidios, profiere: "Nadie presta atención a estos asesinatos, pero en ellos se esconde el secreto del mundo" (Bolaño 2004a, 439). La mitologización de Santa Teresa (es decir, su proyección como un símbolo de una barbarie histórica que se arrastra desde tiempos inmemoriales), en este sentido, sirve como punto de anclaje desde el cual juzgar nuestra realidad contemporánea en su totalidad.

Por el otro lado, no obstante, dicha proyección de Ciudad Juárez no debería entenderse como una simbolización sin conflictos, como una referencia estable hacia un más allá concreto (A es igual a B), pues el listado de cadáveres femeninos, al mismo tiempo que pide a gritos ser enmarcado en un discurso coherente y trascendente (¿quién las mata? ¿por qué se las mata?), adquiere relevancia en sí mismo: su extensión y detallismo exhaustivo causa que los cadáveres adquieran una materialidad —y, cabe destacar, voluminosidad netamente física en relación al número de páginas— que hace dimensionar en el lector la inmensidad de la tragedia. En otras palabras: al contrario de las anteriores Partes, en donde la mención de los asesinatos de Santa Teresa es enunciada de forma general, en «La parte de los crímenes» Bolaño se preocupa de detallarnos cada caso en particular. En consecuencia, lo anterior deviene un esfuerzo titánico por dar corporalidad y visibilidad a aquello que se esconde detrás del símbolo: una infinidad de nombres, cada uno asociado a un cadáver singular.

Sumado a esto, encontramos en el mismo *2666* una fuerza corrosiva irónica que juega en contra de sus mismas pretensiones simbolistas. Azucena Esquivel Plata, diputada del PRI que contacta a Sergio González para esclarecer la desaparición de una de sus amigas íntimas en Santa Teresa (Kelly Rivera), le narra al primero su encuentro con un detective privado de la siguiente manera:

> Deje de hablar como si fuera un guía turístico. O mi amiga está viva, y entonces quiero que la encuentre, o mi amiga está muerta, y entonces quiero a sus asesinos. Loya sonrió. ¿De qué se ríe?, le pregunté. Me ha hecho gracia lo del guía turístico, dijo. Estoy harta de los mexicanos que hablan y se comportan como si todo esto fuera Pedro Páramo, dije. Es que tal vez lo sea, dijo Loya. No, no lo es, se lo puedo asegurar. (Bolaño 2004a, 779-780)

La mención de Pedro Páramo inmediatamente debería retraernos a la idea de la representación de una aldea atemporal, simbólica y trascendente, en donde las nociones de lo real, lo mítico y tiempo circular se funden —representación que aquí está bajo ataque. La irritación de Azucena puede interpretarse como una muy real molestia ante la reacción frente a la tragedia humana de Santa Teresa/Ciudad Juárez, en donde es fácil estigmatizar a lo mexicano (y consecuentemente, a lo latinoamericano) como un espacio conceptual en donde las cosas suceden al estilo del realismo maravilloso. En otras palabras: cuando se asume a lo "mágico" como parte de lo cotidiano, se deja de pensarlo como algo extraordinario y se abandona cualquier intento de racionalizarlo. Lo anterior, consecuentemente, es particularmente grave cuando se trata de la desaparición y asesinato de individuos concretos, seres humanos de carne y hueso cuya desaparición no debiese "explicarse" por medio de lo fantástico e irracional.

Pues bien, ¿qué se puede entonces concluir con respecto a Santa Teresa? Bolaño proyecta una tensa relación con respecto a lo real: pues, por un lado, busca erigir un símbolo universal de lo barbárico en la ciudad mexicana (una que en la misma novela tiene su antecesor histórico más directo en el holocausto de la Segunda Guerra Mundial, como procederé a detallar posteriormente); y por el otro, desmitificarla al iniciar la enumeración interminable de cadáveres y dotarla de materialidad. Es, al fin y al cabo, un asunto de distancia narrativa: pues mientras «La parte de los crímenes» otorga de nombre y apellido a las víctimas (a pesar de su ficcionalidad) y discurre en lo que pareciese ser un *presente perpetuo* —en el sentido que intencionalmente se rehúsa darnos un marco discursivo que explique la aparición de tanta muerte—, las otras partes, por el contrario, contemplan la barbarie de Santa Teresa de manera tangencial; aproximación que favorece su estatus como símbolo, uno que es interpretado desde diferentes escenarios culturales e históricos. Mientras que el acercamiento tangencial a la barbarie de Santa Teresa favorece su mitologización y simbolismo, el *close-up* de «La parte de los crímenes», con su lenguaje forense, frío e imparcial, introduce el resto indigesto de lo real que desmitifica Santa Teresa y lo aproxima a la objetividad de un documento, a lo propiamente histórico de nuestra realidad concreta.

Así, el *realismo* de Santa Teresa/Ciudad Juárez se encuentra en un estado de tensión permanente. Más que un defecto, no obstante, quizá ése haya sido el efecto buscado por Bolaño. La escritura de *2666*, a pesar de tener un firme compromiso con la tragedia humana de Ciudad Juárez, refuerza la idea del escritor chileno que concibe a la literatura como un terreno autónomo que constantemente se pone en jaque a sí misma. Bolaño, recordemos, consideraba el acto mismo de escribir un gesto esencialmente *trágico*, condenado al fracaso, en cuanto consideraba que era equivalente a una pelea contra un "monstruo" al cual no se podía derrotar. En sus propias palabras: "La literatura se parece mucho a las peleas de los samurai, pero un samurai no pelea contra otro samurai: pelea contra un monstruo. Generalmente, sabe, además, que va a ser derrotado. Tener el valor, sabiendo previamente que vas a ser derrotado, y salir a pelear: eso es la literatura" (Braithwaite 2006, 98). El "monstruo" al cual el escritor se enfrenta, según mi interpretación, no es más que la realidad misma, el todo inabarcable. La literatura, por más que lo intente, nunca podrá aprehender la experiencia y lo real concreto por completo, sino más bien, en el mejor de los casos, rozar su presencia, proyectar su intuición. Sin embargo (y he ahí, justamente, la tragedia y paradoja en Bolaño) es el deber del escritor afrontar su batalla estética, su escritura ante a la realidad, y, especialmente en el caso de *2666*, dejar su marca en ella.

2.9. Mundo Bolaño

Siguiendo el ideal lukacsiano, el realismo bolañano pretende estimular una reflexión crítica en torno a nuestro statu quo contemporáneo: documentando a una serie de feminicidios que ponen en entredicho la teoría del fin de la historia y el reinado supuestamente armónico del capitalismo avanzado. En ese sentido, cumple con el pretendido rol des-alienizador del realismo de Lukács. ¿Pero qué totalidad erige Bolaño en su novela para justamente poner en diálogo dicho barbarismo con los metarrelatos que nos rodean hoy en día? ¿Cómo vincular la muerte y la idea de desarrollo capitalista, por ejemplo? ¿O bien la idea de progreso y holocausto? Reformuladas estas preguntas de otra forma, ¿en qué consiste la totalidad de *2666*? ¿Cuáles son sus elementos constituyentes? ¿Y su jerarquía interna?

Para responder a lo anterior, empecemos con lo más obvio, *de qué trata la novela*, pues nunca está demás hacer una recapitulación. *2666* se divide en cinco partes: la primera refiere la odisea de cuatro críticos europeos especialistas en Archimboldi, escritor alemán, y cómo la búsqueda les llevará eventualmente a Santa Teresa, ciudad fronteriza mexicana; la segunda parte trata sobre Amalfitano, profesor chileno de filosofía de la misma ciudad, y describe el auge paulatino de su demencia; la tercera es la parte de Fate, periodista de una revista que lidia con temas sociales ligados a la resistencia político-cultural afronorteamericana, y relata su viaje hacia Santa Teresa para cubrir una pelea de box; la cuarta parte es la de los crímenes (indudablemente la más famosa), en la cual, a la vez que se nos presenta un largo y agobiante registro de los cadáveres de las mujeres asesinadas de Santa Teresa, se entrecruzan historias de judiciales, narcotraficantes y personajes varios; finalmente, todo cierra con la parte de Archimboldi, el escritor alemán: su infancia, juventud, experiencia en la Segunda Guerra Mundial y su eventual transformación a un escritor de renombre.

Ya hemos postulado que el orden de las partes no es arbitrario: corresponde, en esencia, a una figura quiasmática, a una estructura circular que gira en torno a dos ejes principales: la utopía y la barbarie. No obstante, la utopía y la barbarie no son los únicos espectros de sentido que forman parte de la dialéctica interna de la novela, sino que hay que sumarle otros tres: la locura, la épica y el arte. Aquellos últimos, a nuestro parecer, son espectros conceptuales constantemente presentes a lo largo de *2666*, representados bajo distintos personajes y contextos; son, consecuentemente, categorías que dialogan tangencialmente con la barbarie y la utopía, como procederé a detallar en breve. Sentada esta estructura, la totalidad en *2666* puede ser representada tal como se muestra en la Figura 1 en la página 51.

Vayamos profundizando en el significado del diagrama anterior. La totalidad en Bolaño, en primer lugar, es una imagen de nuestra cultura moderna. No pretendo entregar una definición *total* en relación a lo que la cultura es o debería ser, pues su definición

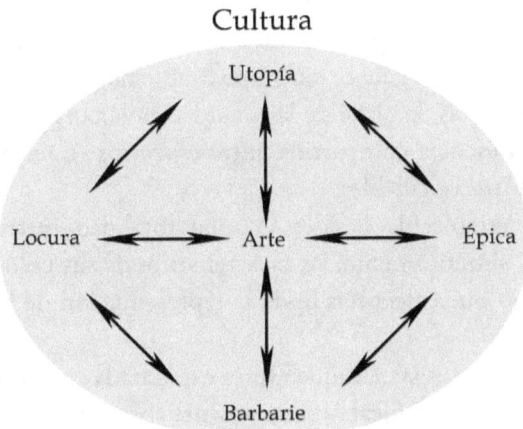

Figura 1. Mundo Bolaño.

(así como su valorización en algo positivo o negativo) ha sido algo muy variable a lo largo de la historia de las ideas; no obstante, para nuestros propósitos interpretativos, se definirá la cultura como la conglomeración de manifestaciones sociales, simbólicas y ritualísticas de una sociedad determinada; esta conglomeración, asimismo, se encuentra en constante diálogo e interacción con factores tales como el *momentum* histórico, la organización política y la estructura económica de la sociedad en cuestión. *Dentro* de ella se desarrollan diferentes espectros culturales que a primera vista pueden ser considerados contradictorios, si bien son, en su esencia, efectos de una misma circunstancia histórica, ideología hegemónica y/o estructura social. En otras palabras, lo que Bolaño demuestra en *2666*, esencialmente, es que justamente aquellas instancias o espectros que a primera vista parecen opuestos (y que muchas veces, efectivamente lo *son*, tales como la utopía y la barbarie), son partes de una misma *unidad dinámica*, frutos de una misma contingencia, por tanto, racionalmente inteligibles dentro de un mismo marco conceptual. Es por ello que el diagrama anterior tiene como representación gráfica un globo cuyas partes se encuentran en constante diálogo: pues sus elementos constituyentes (y hasta contradictorios) debiesen entenderse como partes integrales de un todo esencialmente *interconectado*, dialéctico, heterogéneo, pero irrevocablemente relacionado. En resumidas cuentas, la clave de la totalidad bolañana es la constatación de una esencia compartida entre espectros conceptuales aparentemente irreconciliables.

Ya establecida la idea de una totalidad interconectada, ¿cuáles son, sintéticamente, las características de sus polos constituyentes? ¿Bajo qué categorías linda la representación de la totalidad bolañana?

a. La utopía: Aunque nunca explicitada en Bolaño, la utopía corresponde a un ideal necesariamente abstracto —el terreno de la emancipación humana. Entiendo esto último como la conformación de una comunidad en donde los ideales modernos (igualdad, libertad y tolerancia, por mencionar algunos) son cumplidos sin conflictos y de manera armónica. Ejemplos de la utopía en *2666* son el ideal revolucionario de la Unión Soviética, e incluso su contraparte, aquella que corresponde al progreso capitalista y a la urbe moderna. Caben también dentro de esta categoría, si bien de forma mucho más implícita y sutil, los ideales revolucionarios latinoamericanos propios de la década de los sesenta, los cuales, aunque no mencionados de forma directa, son una presencia-ausente a lo largo de todo *2666*. La utopía, como procederé a adelantar posteriormente, no puede ser entendida como una unidad aislada, lo que atraerá profundas consecuencias.

b. La barbarie: La expresión de lo más abyecto de la naturaleza humana: el asesinato, la tortura, la cobardía, el egoísmo, la violencia, el horror, la explotación, etc. En *2666*, su expresión más clara son los asesinatos de Santa Teresa y el holocausto judío de la Segunda Guerra Mundial, aunque están lejos de ser los únicos ejemplos.

c. La épica: Asociada íntimamente con el espíritu de la utopía, la épica, en el mundo bolañano, representa la cruzada del individuo o de un colectivo que busca ver a la primera convertida en una realidad terrenal. Es la cara tangible del espíritu utópico (que se mantendrá siempre en un terreno abstracto por su misma naturaleza). El héroe épico, en Bolaño, siempre está cubierto por una atmósfera trágica, como espero detallar posteriormente. Los ejemplos más claros en *2666* son Fate, Ansky, y no exento de contradicciones, Archimboldi.

    d. LA LOCURA: categoría inestable y peligrosa dentro de la totalidad en la que se enmarca, la locura, más que la incapacidad de aprehender y asimilar la realidad concreta simboliza en *2666* justamente lo opuesto: una lucidez extrema en relación a la totalidad circundante. Dicha lucidez puede asumirse de forma gozosa o trágica, como espero detallar, y bien puede suponer una bandera de lucha contra la barbarie o un abandono completo ante ella. Ejemplos paradigmáticos de locura en *2666* son Amalfitano, Edwin Johns e Ingeborg.

    e. EL ARTE: la categoría más cambiante de todas, pues funciona como una entidad moldeable de acuerdo a contextos determinados. En este sentido, no está necesariamente atada a un sublime kantiano, como comúnmente se le puede concebir, sino también transformarse en aliada de la barbarie. Ejemplos de lo artístico en *2666* hay muchos, empezando por el propio Archimboldi. Figuras a destacar, entre otras, son Edwin Johns y Efraim Ivánov.

    Antes de siquiera formularla, quisiéramos rebatir una conclusión que podría desprenderse de la representación del mundo bolañano aquí expuesta: la idea de que cada categoría (utopía, barbarie, locura, épica y arte) es "pura" y podemos encontrar expresiones de las mismas de forma nítida y claramente demarcada en la novela misma. No es así, o por lo menos no lo es en la mayoría de los casos. Los espectros de la cultura aquí mencionados están en constante diálogo e interacción, dando muchas veces como resultado la representación de personajes o situaciones que contienen, como si se desarrollase una pugna en su interior, la antítesis de dos polos opuestos, o bien una combinación particular entre dos polos o más. Como se detallará en la segunda parte de este libro, todo espectro, al fin y al cabo, sólo puede entenderse en su relación con los otros; nunca de manera aislada.

El lector entonces se preguntará por qué decidimos, si es que todos los espectros conceptuales aquí presentados se encuentran unidos irremediablemente por una relación dialéctica, hacer una división polarizada de los mismos en el anterior diagrama; por qué, en otras palabras, se han dividido si acabamos de argumentar que ninguno puede comprenderse sin ser parte constitutiva de los otros. La razón es simple, y corresponde a cuestiones metodológicas antes que nada: se pretende con ello delinear el esqueleto conceptual de *2666* en torno a sus áreas más nítidas como punto de partida para internarse en sus zonas grises. Esta división, se espera, no pretende impulsar aseveraciones tales como toda cultura artística es, en el fondo, una máscara de la barbarie, o bien toda revolución épica es necesariamente una locura. Pues lo que se esconde detrás de tales afirmaciones no son más que generalizaciones encubiertas, en el sentido que afirmaciones del calibre de "todo lo que es blanco es realmente negro" (o viceversa) mantienen una visión necesariamente monológica del mundo bolañano, sin ambigüedades ni contradicciones algunas. Aquí se argumenta lo contrario: la totalidad dialéctica que se busca establecer permite el flujo de relaciones conceptuales entre distintos espectros sin que necesariamente uno se imponga sobre el otro. En la segunda parte de este libro, consecuentemente, se buscará dilucidar cómo dichos espectros en apariencia opuestos coexisten en una relación en apariencia tensa y disonante, mas, al fin y al cabo, orgánica y cohesiva en relación a la globalidad que las contiene.

3

La parte de 2666

Latinoamérica es como el manicomio de Europa. Tal vez, originalmente, se pensó en Latinoamérica como el hospital de Europa, o como el granero de Europa. Pero ahora es el manicomio. Un manicomio salvaje, empobrecido, violento, en donde, pese al caos y a la corrupción, si uno abre bien los ojos, es posible ver la sombra del Louvre.

Roberto Bolaño

3.1. *Sobre la utopía y la barbarie*

Ya establecidas las consideraciones teóricas principales que regirán mi análisis, es tiempo de otorgarle cuerpo a las anteriores. Empezaremos analizando lo que es a nuestro parecer la columna vertebral de *2666*: la dialéctica entre los espectros de la utopía y la barbarie. Nuestro propósito aquí, consecuentemente, será señalar las características esenciales de una serie de espacios que simbolizan el progreso neoliberal, la modernidad y la cultura letrada y que empero contienen en su misma esencia una serie de rasgos que la identifican con su opuesto: la barbarie, el horror y la miseria. El resultado es la representación de un espacio claroscuro en donde las ideas de civilización y modernidad conviven orgánicamente con el caos y la barbarie.

Un punto importante en el análisis posterior será indicar el uso de los mentados discursos civilizados en vistas de *normalizar* lo más atroz en nombre de un bien mayor, apuntando ahí justamente donde la distancia entre ideología (vista como falsa consciencia) y realidad concreta alcanza una tensión máxima. No es, sin embargo, que la idea utópica de una sociedad comunitaria y "civilizada" sea dañina en su expresión más abstracta; sí es, en cambio, denunciar cómo estas mismas ideas se han tergiversado y moldeado a nuestra circunstancia sociohistórica para justificar y normalizar las atrocidades más perversas, los horrores más inimaginables.

Empezaremos nuestro análisis con el espectro de la barbarie concentrado en Santa Teresa para luego proyectar cómo la misma barbarie no es excluyente de la ciudad mexicana, sino que es una constante omnipresente en las representaciones de Europa, Latinoamérica y en Estados Unidos. Esto es, como ya se ha mencionado, uno de los propósitos últimos de Bolaño: adjuntar y *homogeneizar* (a falta de una expresión mejor) lo que vemos como parte de un todo, en donde la particularidad hace referencia a un sentido global y viceversa.

3.1.1. *La barbarie neoliberal*

Santa Teresa, la cual es el núcleo del movimiento quiasmático que efectúa *2666*, es una ciudad mexicana ficticia que se encuentra cerca de la frontera con Estados Unidos. Su principal fuente de trabajo para su población son las maquiladoras, instaladas por empresas trasnacionales. Antes de iniciar el análisis literario *per se*, recordemos qué son y cómo funcionan efectivamente dichas empresas: las maquilas, por definición, son fábricas que manufacturan materias primas para su posterior exportación a un centro empresarial localizado en otro espacio (Levy y Alcocer 1983, 13). Si bien es cierto que incorporan un número masivo de asalariados locales al momento de ser creadas, el sueldo de sus trabajadores es mínimo —apenas suficiente para la sobrevivencia (Castellanos 1981, 167). Podría argumentarse que la única razón por la cual existen estas fábricas es justamente por los bajos salarios de sus empleados: las empresas trasnacionales que las emplean, generalmente, buscan países en donde las leyes laborales sean más flexibles y el acceso a una mano de obra más barata para maximizar las ganancias de su producción (Franco 2013, 218). Los gobiernos locales, a su vez, generalmente acceden a la incorporación de maquilas trasnacionales como un método contra el desempleo regional. Siendo éste supuestamente un trato de mercado libre destinado a favorecer ambas partes (empresas trasnacionales y gobiernos locales), Bolaño se encarga de ironizar sus efectos "positivos" en *2666* desnudando la relación de hegemonía y sumisión que se esconde detrás de un acuerdo —en teoría— bilateral.

México, en este sentido, es un ejemplo prototípico de la implementación masiva de maquiladoras trasnacionales. Su emergencia en territorio mexicano se puede rastrear desde 1965, año el cual, en palabras de Cravey,

> [T]he Mexican federal program encouraged foreign industrial investment through the use of government subsidies and new regulations that granted manufacturers duty-free importation of machinery, parts, and raw material. At the same, changes in the U.S. tariff schedule made it cost effective for U.S.-based transnationals to assemble goods overseas for the U.S. market (…). This industry expanded rapidly to become a significant sector of the local economy. People now migrate from rural Sonora and other parts of Mexico to work in the factories. (Cravey 1998, 74)

Ciudad Juárez/Santa Teresa es un ejemplo prototípico de dicho fenómeno. Asimismo, la presencia de un discurso "triunfalista" de las maquilas —uno que está relacionado con la creación de empleos— aparece reiteradas veces en la novela: la ciudad mexicana es descrita muchas veces como una ciudad pujante, industrial y en constante expansión. Sergio González Rodríguez, por ejemplo, al llegar por primera vez a Santa Teresa, tiene la impresión de que está frente a "una ciudad industriosa y con poquísimo desempleo" (Bolaño 2004a, 471). Más tarde, cuando el mismo periodista habla con la encargada del Departamento de Delitos Sexuales, Yolanda Palacios, esta última le pregunta: "¿Sabes cuál es la ciudad con el índice de desempleo femenino más bajo de México? Sergio González vio la luna del desierto, un fragmento, un corte helicoidal, asomándose sobre las azoteas. ¿Santa Teresa?, dijo. Pues sí, Santa Teresa, dijo la encargada del Departamento de Delitos Sexuales" (Bolaño 2004a, 710). En este sentido, la ciudad mexicana fronteriza es representada como una urbe "en vías de desarrollo" modelo de nuestros tiempos neoliberales, la cual está inmersa en el proceso de la globalización y cree en su discurso triunfalista. Corresponde, en pocas palabras, al espectro utópico de lo que el capitalismo globalizado *debería* ser. Chucho Flores, (ex)novio de Rosa Amalfitano, sintetiza esta postura al describir Santa Teresa a Fate con las siguientes palabras:

> Ésta es una ciudad completa, redonda (…). Tenemos de todo. Fábricas, maquiladoras, un índice de desempleo muy bajo, uno de los más bajos de México, un cartel de cocaína, un flujo constante de trabajadores que vienen de otros pueblos, emigrantes centroamericanos, un proyecto urbanístico incapaz de soportar la tasa de crecimiento demográfico, tenemos dinero y también hay mucha pobreza, tenemos imaginación y burocracia, violencia y ganas de trabajar en paz. (Bolaño 2004a, 362)

La descripción de Chucho Flores supone un primer paso a aquellas zonas grises que Bolaño explorará: pues en este caso, la modernidad de Santa Teresa, según la descripción de Chucho, no sólo conlleva el desarrollo capitalista (fábricas, flujo constante de mano de obra, dinero), sino también efectos nocivos colaterales que vienen de la mano junto al llamado "progreso": los carteles de droga, la violencia, la pobreza. Chucho Flores, no obstante, no pareciera *quejarse* de los rasgos notoriamente negativos: más bien, da la impresión de que se enorgullece de ellos ("esta es una ciudad redonda, completa"). El estatus de lo "moderno" se acepta con todas sus deficiencias, en cuanto pareciese desprenderse de las palabras de Chucho Flores que la asimilación de los procesos globalizados es preferible a ser vistos como una nación —o ciudad— subdesarrollada.

En contraposición a este discurso triunfalista, no obstante, la novela muchas veces nos da sutiles indicios sobre las condiciones precarias en la que viven los numerosos trabajadores de las maquiladoras. Vale la pena detenerse en la que consideramos es la mayor descripción (en términos de extensión) de las maquilas y sus alrededores en *2666*:

> En el polígono se levantaban los edificios de cuatro maquiladoras dedicadas al ensamblaje de piezas de electrodomésticos. Las torres de electricidad que servían a las maquiladoras eran nuevas y estaban pintadas de color plateado. Junto a éstas, entre unas lomas bajas, sobresalían los techos de las casuchas que se habían instalado allí poco antes de la llegada de las maquiladoras (…). En la plaza había seis árboles, uno en cada extremo y dos en el centro, tan cubiertos de polvo que parecían amarillos. En una punta de la plaza estaba la parada de los autobuses que traían a los trabajadores desde distintos barrios en Santa Teresa. Luego había que caminar un buen rato por calles de tierra hasta los portones en donde los vigilantes comprobaban los pases de los trabajadores, tras lo cual uno podía acceder a su respectivo trabajo. Sólo una de las maquiladoras tenía cantina para los trabajadores. En las otras los obreros comían junto a sus máquinas o formando corrillos en cualquier rincón (…). La mayoría eran mujeres. (Bolaño 2004a, 449)

Bolaño no necesita denunciar con un lenguaje virulento las condiciones paupérrimas en que los trabajadores de las maquilas operan: le basta simplemente con describir dichas condiciones usando aquella mirada neutra que ya he identificado anteriormente. "Casuchas", plazas con más polvo que verde, caminos de tierra y condiciones precarias de trabajo que contrastan con las torres de electricidad nuevas son sólo algunos indicios que nos muestran la miseria del trabajo en las maquiladoras, lo que ya en sí puede ser considerado un primer indicio de violencia hacia sus trabajadores —no tan brutal como los asesinatos que suponen el grueso de «La Parte de los Crímenes», pero sí, en cierto modo, más incisiva al ser cotidiana, reiterada e *invisible* para el discurso neoliberal. Al respecto, Alice Driver menciona:

> [F]eminicide victims in the novel are characterized by acts of *economic violence* such as lack of electricity, sewage, paved roads, and running water, all elements that leave women in a precarious situation considering that many of them work late or early shi-

fts and travel long distances on foot and via public transportation. (2015, 67; mis cursivas).

En este sentido, la primera violencia ejercida hacia los obreros de Santa Teresa (en su mayoría, reiteramos, mujeres) es socioeconómica. Es también debido a su condición periférica, asimismo, que devendrán mercancía en sí mismas, aptas para ser consumidas por el mejor postor y luego susceptibles de ser desechadas sin el menor remordimiento, como me explayaré más adelante.

El poder que las maquiladoras ejercen en sus trabajadores y en la ley local, asimismo, quedará en descubierto cuando el gobierno mexicano empiece a —tímidamente— intentar tomar cartas en el asunto por los reiterados asesinatos de mujeres en Santa Teresa. En uno de los primeros casos de hallazgo de cadáveres femeninos narrados en *2666*, un cuerpo es encontrado en un basurero cercano a una maquila. La llegada de la policía a la escena del crimen es inmediatamente mediada por ejecutivos de las maquilas, los cuales, en todo momento, son los que verdaderamente tienen el control de la situación:

> Los policías que vinieron a buscarla encontraron a tres ejecutivos de la maquiladora esperándolos junto al basurero. Dos eran mexicanos y el otro era norteamericano (...). Los tres ejecutivos acompañaron al policía hacia el interior del basurero. Los cuatro se taparon la nariz, pero cuando el norteamericano se la destapó los mexicanos siguieron su ejemplo (...). Bueno, dijo uno de los ejecutivos, usted se encarga de todo, ¿verdad? El policía dijo que sí, cómo no, y se guardó el par de billetes que le tendió el otro en el bolsillo de su pantalón reglamentario. (Bolaño 2004a, 450)

Aparte de señalar sutilmente la sumisión de los mexicanos frente al norteamericano al imitar los primeros el gesto de destaparse la nariz del segundo (en lo que también puede ser leído como un indicio de competencia de "dureza", de *masculinidad* entre los hombres presentes), la subordinación de las fuerzas del Estado ante el poder del dinero se hace evidente frente al acto del soborno: en un contexto en que el bienestar material lo es todo, es fácil para las maquilas flexibilizar la ley a su favor gracias a su control económico de la región. Que los representantes de las maquiladoras sean mexicanos y *además* un norteamericano, asimismo, connota el carácter trasnacional de la empresa, sus probables conexiones con un más allá invisible, ostentador de un poder que trasciende los límites del territorio mexicano.

La misma subordinación puede verse en una reunión entre el presidente municipal, el jefe de la policía de Santa Teresa, algunos judiciales y "el tipo de la cámara de comercio" para discutir la creciente oleada de feminicidios en la ciudad. De partida, la mera *presencia* del "tipo de la cámara de comercio" es reprobable, en cuanto los asesinatos —en teoría— no competen en absoluto al ámbito mercantil. La presencia de este último, pronto queda claro, connota la presencia de las maquiladoras en las decisiones estatales y regionales, y su insistencia en tener "prudencia" puede ser interpretada como una defensa férrea —pero también, sutil— de las condiciones económicas y sociales actuales de Santa Teresa, de las cuales es un implícito representante:

> Tenemos un asesino en serie, como en las películas de los gringos, dijo el judicial Ernesto Ortiz Rebolledo. *Hay que fijarse muy bien dónde uno pone los pies, dijo el tipo de la cámara de comercio* (...). *En esta clase de asuntos hay que examinar muy bien las palabras, no vaya a meterse donde uno no debe, dijo el tipo de la cámara de comercio* (...). *Si damos rienda a la imaginación podemos llegar a cualquier parte, dijo el tipo de la cámara de comercio* (...). ¿Y usted qué opina, juez? Dijo el presidente municipal. Todo puede ser, dijo el juez. *Todo puede ser, pero sin caer en el caos, sin perder la brújula, dijo el tipo de la cámara de comercio.* Lo que sí parece claro es que el que mató a esas tres pobres mujeres es la misma persona, dijo Pedro Negrete. Pues encuéntrenlo y acabemos con este pinche negocio, dijo el presidente municipal. *Pero con discreción, si no es mucho pedir, sin sembrar el pánico, dijo el tipo de la cámara de comercio.* (Bolaño 2004a, 589-590; mis cursivas)

La reiterada insistencia del tipo de la cámara de comercio por mantener la investigación de los asesinatos en un bajo perfil corresponde, en última instancia, a un gesto similar a los ejecutivos que le pasan un billete al policía para que "se encargue de todo", sólo que a un nivel más macro y también más implícito. Santa Teresa es una ciudad modelo para el discurso neoliberal y el discurso triunfalista asociado a este último puede verse —obviamente— seriamente en entredicho por la matanza sistemática de sus trabajadores. El interés no está, no obstante, en dilucidar las causas de los asesinatos, sino más bien en ocultarlos, o bien, *normalizarlos* en la medida de lo posible. Esta misma operación de normalización podemos verla después de la captura del presunto culpable de los asesinatos de Santa Teresa, Klaus Haas. El presidente municipal de Santa Teresa mencionará al respecto: "Todo lo que partir de ahora suceda entra en el rubro de los crímenes *comunes y corrientes, propios de una ciudad en constante crecimiento y desarrollo*. Se acabaron los psicópatas" (Bolaño 2004a, 673; mis cursivas). La idea de progreso capitalista, se subentiende, siempre conlleva una dosis de violencia inescapable, la cual deberíamos entender como parte de un statu quo inexpugnable. En otras palabras, la violencia, incluso desmedida, siempre debería asumirse como parte de la norma.

3.1.2. Santa Teresa: ¿Fragmentación o síntesis?

Esta misma voluntad de *no querer ver* por parte de la institucionalidad mexicana también halla su eco en los mismos personajes que habitan en Santa Teresa; no obstante, lo de ellos muchas veces no es tanto un "no querer ver" como una incapacidad de proyectar un metarrelato estable que explique lo que sucede en la ciudad mexicana. Amalfitano, Fate y Kessler, por mencionar algunos personajes que intentan comprender la tragedia de Santa Teresa, se encuentran demasiado *cerca* de los asesinatos; esto último, paradójicamente, impide que puedan construir una narrativa coherente en torno a éstos (lo que, cabe destacar, es un proceso similar a lo que nosotros experimentamos como lectores al leer «La parte de los crímenes»). Amalfitano, por ejemplo, luego de un paseo en los alrededores de Santa Teresa, reflexiona sobre cómo su entorno carece de sentido en contraposición al *ready-made* de Duchamp que él mismo ha recreado en el patio trasero de su hogar:

Cuando llegaron a la casa ya no había luz pero la sombra del libro de Dieste que colgaba del tendedero era más clara, más fija, más razonable, pensó Amalfitano, que todo lo que había visto en el extrarradio de Santa Teresa y en la misma ciudad, imágenes sin asidero, imágenes que contenían en sí toda la orfandad del mundo, fragmentos, fragmentos. (Bolaño 2004a, 265)

Kessler, mientras pasea por Santa Teresa en búsqueda de pistas, también menciona lo fragmentario como parte intrínseca del paisaje (Bolaño 2004a, 752). Un recepcionista de un motel, ante la mención de Fate que el nombre de un cibercafé hace referencia a una película de David Lynch, responde que "todo México [es] un collage de homenajes diversos y variadísimos" (Bolaño 2004a, 428). La fragmentación y el collage, por lo tanto, parecen partes constitutivas de Santa Teresa. Esto, según nuestra perspectiva, implica más de lo que parece: pues, tal como se argumentaba anteriormente, la naturaleza del fragmento es ser parte de un *todo* mayor ausente o invisible. Ahora bien, si los fragmentos en cuestión funcionan como índice de un cierto marco que los explica y organiza, y si México es, efectivamente, un *collage* que hace referencia a distintos metarrelatos, diferentes narrativas que no obstante explican la presencia de lo que a primera vista parece absurdo o incongruente, Santa Teresa, en consecuencia, deviene el punto de confluencia entre distintos marcos discursivos y sus manifestaciones fragmentarias: un espacio de encuentro entre fragmentos cuya interrelación bien puede ser chocante a primera vista, pero cuya presencia, en última instancia, está justificada, tiene su historia. Siguiendo esta lógica, más que una falta de sentido, lo que hay en Santa Teresa es un *exceso* del mismo: no es que no haya más que vacío detrás de los asesinatos, sino que hay simplemente *demasiado* para reducirlo a una causa singular.

Dicha simultaneidad y aparente pugna entre distintos metarrelatos se puede encontrar, por ejemplo, en el siguiente pasaje que hace referencia a la futura visita de Fate a la ciudad mexicana. El periodista afroamericano, antes de ser enviado a Santa Teresa a cubrir una pelea de box, se encuentra en Nueva York, entrevistando a un ex líder de las Panteras Negras (Seaman). Quedándose dormido en la habitación de su hotel con la tele prendida, un reportaje sobre los crímenes de Santa Teresa es televisado, funcionando como premonición de lo que posteriormente vendrá y también como una especie de *síntesis* de aquellos discursos que conviven en dicha urbe:

> Mientras Fate dormía dieron un reportaje [en la televisión] sobre una norteamericana desaparecida en Santa Teresa, en el estado de Sonora, al norte de México. El reportero era un chicano llamado Dick Medina y hablaba sobre la larga lista de mujeres asesinadas en Santa Teresa, muchas de las cuales iban a parar a la fosa común del cementerio pues nadie reclamaba sus cadáveres (…). Después aparecían algunas fábricas de montaje y la voz en off de Medina decía que el desempleo era prácticamente inexistente en aquella franja de la frontera. Gente haciendo cola en una acera estrecha. Camionetas cubiertas de polvo muy fino, de color marrón caca de niño. Depresiones del terreno, como cráteres de la Primera Guerra Mundial, que poco a poco se convertían en vertederos. (Bolaño 2004a, 328)

El precedente pasaje requiere un análisis minucioso, en cuanto funciona —casi—como un mini *2666* en potencia. En primer lugar, el reportaje aquí reproducido incorpora algo que ya es terreno común en toda producción audiovisual: *el montaje*. Este último, en palabras de Benjamin, produce en el espectador asociaciones rápidas que éste es capaz de asimilar en un estado de recepción marcado por la distracción. No hay tiempo para una contemplación tranquila cuando las imágenes, dice Benjamin, se suceden unas a otras a una velocidad vertiginosa (2001,1182-1183). Ahora bien, esta sucesión rápida de distintas imágenes la encontramos presente en el precedente pasaje: asesinatos, desempleo inexistente, pobreza, suciedad, Primera Guerra Mundial. La estructura del montaje mismo *obliga* al espectador a relacionar lo que a primera vista no tiene una vinculación explícita: quizá de forma más bien automática, el reportaje reproducido en la televisión ocasiona en el receptor un gesto de conexión involuntaria.
Esta sucesión de imágenes dispares y no obstante irrevocablemente unidas por ser parte de una serie también puede compararse a lo que Sylvia Molloy denomina como *discurrir textual* en la pro-

ducción borgeana, la cual, a su vez, puede también verse cercana a la propia predilección de Bolaño por las listas. En palabras de Molloy:

> La serie no es arbitraria (...) pero tampoco obedece a una autoridad que la justifique fácilmente: no hay criterio que permita reorganizarla ni establecer jerarquías entre sus partes, y sin embargo la serie, desafiante, existe y tiene que ser leída entera. (1999, 53)

En el mismo ensayo, agrega posteriormente: "La incongruencia es, desde luego, ilusoria (...) el texto instaura una concatenación *casual* que sólo sus palabras justifican y esa casualidad, en el momento de la lectura necesariamente sucesiva, se vuelve encadenamiento *causal*" (Molloy 1999, 180; cursivas en el original). La maquinaria de las maquiladoras y los asesinatos, por tanto, y por la misma disposición de la lista, busca ser percibida como dos fenómenos que van de la mano. La concatenación casual, ahora bien, aquí meramente insinuada, se nos despliega a lo largo de la novela: ya sea por complicidad de los dueños de las maquiladoras, quienes buscan *ocultar* los asesinatos en masa; o bien por las condiciones socioeconómicas que estas mismas empresas crean, las cuales, como mencionaba anteriormente, favorecen la precarización y la desprotección de sus trabajadores. La mención a aquellos vertederos parecidos a "cráteres de la Primera Guerra Mundial", asimismo, es lo que termina por elevar al pasaje en toda su potencialidad simbólica: considerando que «La parte de Archimboldi» trata mayoritariamente con las atrocidades de Europa del siglo XX, no es difícil ver cómo Bolaño proyecta la barbarie presente en Santa Teresa a territorios que la exceden y hasta anteceden (siendo el caso aquí pertinente ambas Guerras Mundiales, las cuales tendrán su desarrollo —más la Segunda que la Primera— en «La parte de Archimboldi»). Una simple mención funciona aquí como un guiño, uno que eventualmente hallará su eco y potencia cuando se nos abra eventualmente el abismo de las atrocidades del Viejo Continente.

3.1.3. No country for old men

Pero no nos adelantemos aún. Mencionábamos anteriormente cómo la fragmentación de Santa Teresa corresponde a la coexistencia entre distintos marcos discursivos que impiden caracterizar las atrocidades de la ciudad mexicana como causas de un solo fenómeno. Aparte de la sensación ya mentada de muchos personajes de estar frente a un paisaje fragmentado, Bolaño también desestabilizará la idea de *una sola verdad* para explicar dicho espacio mediante la subversión de un género con el cual ya tiene larga experiencia: el detectivesco.

Empecemos con la figura de Kessler. Este último es un detective norteamericano, si bien ya retirado, poseedor de cierta popularidad en la criminología estadounidense debido a su supuesta brillantez deductiva y —dato no menor— su asesoría creativa en relación a *thrillers* cinematográficos centrados en psicópatas[1]. Aunque sólo aparece en «La parte de Fate» brevemente (en una intervención clave que se analizará posteriormente), es en «La parte de los crímenes» donde su presencia es la más extensiva y significativa: Kessler es invitado oficialmente por el gobierno mexicano para esclarecer los crímenes de Santa Teresa. La invitación al detective norteamericano es fundamental, en cuanto responde a cierta *hollywoodización* de lo que sucede en la ciudad mexicana: connota una respuesta monovalente frente a un fenómeno que el mismo Bolaño retrata de manera sumamente compleja. Kessler, en pocas palabras, aún asume el rol del *detective clásico* —un "Sherlock Holmes moderno", para usar los mismos términos con los cuales el narrador lo describe (Bolaño 2004a, 762). En este sentido, su rol consiste en buscar un *psicópata*, un individuo singular que se ha desviado de las normas sociales y cuya locura supone una amenaza a la sociedad civilizada. La aproximación de Kessler, sin sorpresa alguna, deviene a todas luces insuficiente en el contexto mexicano: pues los asesinatos de Santa Teresa, yendo de lo particular a lo general, a) son efectuados por más de una sola persona; b) tienen al Estado como cómplice de los crímenes, c) no son productos de una demencia particular, sino más bien de una violencia que se ha asumido como cotidiana, como *constituyente* de una retorcida norma social, y d) son la reactualización de una barbarie humana que, según la cosmovisión bolañana, se ha venido reactualizando a lo largo de toda la historia. El propio Kessler, una vez en Santa Teresa, tiene una premonición de la magnitud de la barbarie a la cual se enfrenta en uno de sus sueños: "por la noche, cansado, soñó con un cráter y con un tipo que daba vueltas alrededor del cráter. Ese tipo probablemente soy yo, se dijo en el sueño, pero no le dio ninguna importancia y la imagen se apagó" (Bolaño 2004a, 742). El cráter representa la tragedia humana de Santa Teresa; y Kessler, dando vueltas *alrededor* de él, simboliza la incapacidad del detective de efectivamente internarse en lo más oscuro del abismo barbárico que se le ha presentado frente a sus ojos. Lo más que puede hacer, en consecuencia, es *rozar* la causa de la barbarie, dar vueltas alrededor de ella: en este sentido, hay una distancia irrevocable entre detective y crimen de la misma forma en que crítico y escritor están inexorablemente lejanos en «La parte de los críticos».

Otra variación de la misma problemática son las crecientes pretensiones detectivescas de Lalo Cura, presentes también en «La parte de los crímenes». Lalo Cura[2], quien es un joven policía de Santa Teresa (que fue originalmente reclutado por Pedro Negrete para ser guardaespaldas de un reconocido narcotraficante de la zona, Pedro Rengifo) empieza paulatinamente a tomar los asesinatos de Santa Teresa en serio. Sus acciones así lo demuestran: primero, al llevarse tres libros de métodos de investigación de la comisaría que nadie lee ("*Técnicas para el instructor policíaco*", "*El informador en la investigación policíaca*" y "*Métodos modernos de investigación policíaca*") (Bolaño 2004a, 548) y estudiarlos. Lalo Cura, en este sentido, es un detective aún no "contaminado" por la violencia y corrupción institucional de Santa Teresa. El siguiente intercambio entre sus compañeros policiales, naturalizados ya con una ideología machista, así lo demuestra:

> En una cafetería Lalo Cura se encontró con unos policías jóvenes, de entre diecinueve y veinte años, que comentaban el caso. ¿Cómo es posible, dijo uno de ellos, que Llanos la violara si era su marido? Los demás rieron, pero Lalo Cura se tomó la pregunta

en serio. La violó porque la forzó, porque la obligó a hacer algo que ella no quería, dijo. De lo contrario, no sería violación. Uno de los policías jóvenes le preguntó si pensaba estudiar Derecho. ¿Quieres convertirte en licenciado, buey? No, dijo Lalo Cura. Los otros lo miraron como si se estuviera haciendo el pendejo. (Bolaño 2004a, 549)

Lalo Cura ve *hechos*, y se distancia del machismo presente en sus compañeros, quienes lo excluyen por representar una amenaza a la "supremacía masculina" que ellos simbolizan. No obstante, Lalo Cura, al contrario de lo que podría pensarse a partir de este pasaje, está lejos de ser un defensor ferviente del género femenino. Que Lalo Cura se haya "tomado la pregunta en serio" implica, en última instancia, que no comprende que el contexto sea de jolgorio y haya tomado la ocasión como una especie de interrogatorio de sus conocimientos criminalísticos. Su respuesta, a su vez, es excesivamente formulaica, como sacada de un diccionario. Bolaño, muy sutilmente, nos señala que Lalo Cura está repitiendo, como un robot, alguna definición que leyó en alguno de sus libros que tratan sobre "métodos de investigación" o criminalística en general. La confirmación de lo anterior es el episodio en que Lalo Cura encuentra un cadáver femenino por su cuenta y cómo reacciona frente a este hecho:

> Los patrulleros Santiago Ordóñez y Olegario Cura encontraron el cadáver. ¿Qué hacían Ordóñez y Cura en aquel lugar? Curioseaban, según admitió Ordóñez. Más tarde dijo que estaban allí porque Cura había insistido en ir (...). Lalo Cura le dijo que tenía ganas de ir a ver el lugar donde habían encontrado el cuerpo de Luisa Cardona (...). Durante un rato, según Ordóñez, Lalo Cura estuvo haciendo cosas raras, como si midiera el terreno y la altura de las paredes, mirando hacia la parte alta del barranco y calculando el arco que tuvo que hacer el cuerpo de Laura Cardona mientras caía (...). Al cabo de un rato, cuando Lalo ya había desaparecido de su vista, oyó un silbido de su compañero y se dirigió en la misma dirección. Cuando lo alcanzó vio que bajo sus pies yacía un cuerpo de mujer (...). Según Ordóñez, *la expresión de Lalo Cura era muy rara, no de sorpresa, sino más bien de felicidad* (...). Cuando llegó junto a él Lalo Cura le dijo que no

se movieran. En sus manos tenía una libretita y había sacado un lápiz y anotaba todo lo que veía. Tiene un tatuaje, oyó que decía Lalo Cura (...). La muerta medía un metro setentaidós y tenía el pelo largo y de color negro. No llevaba nada para identificarla. Nadie reclamó el cadáver. El caso no tardó en ser archivado. (Bolaño 2004a, 657-658; mis cursivas)

Lalo Cura, se entiende, se emociona por estar "jugando al detective", si así podemos llamarlo, y ver sus primeras deducciones estar en lo cierto. La expresión de *felicidad* que Ordóñez describe en Cura es, consecuentemente, una sorpresa para el policía, pues sobre *encima* del horror que supone encontrar un cadáver, Cura experimenta *satisfacción* de que sus corazonadas (esto es, que un terreno en el cual previamente se encontró un cadáver funcione como un repositorio de otro cuerpo, otra vez) hayan estado en lo correcto. Es una pequeña victoria de la lógica racional de los detectives clásicos, de la cual Lalo Cura es un heterodoxo discípulo. No obstante, al igual que Kessler, no hay lugar para las pretensiones detectivescas de Lalo Cura en Santa Teresa: el final del presente pasaje es muy irónico al respecto. Después de todas las pesquisas de Cura (medir el terreno, anotar detalles del entorno y del estado de la víctima, etc.), a uno, como lector, se nos despliega brevemente un horizonte de expectativas relativo a la resolución de un crimen, en cuanto la emergencia de Lalo Cura como un detective que efectivamente *investiga* podría significar, en última instancia, un camino hacia el descubrimiento de los criminales. Que nadie haya reclamado el cadáver, sin embargo, y que el caso no haya tardado en ser archivado —hechos descritos nada menos que en el mismo párrafo— son hechos que nos terminan por convencer que las pesquisas de Lalo Cura, aunque bien intencionadas, son inútiles en un entorno que no les permite desarrollarse. Que la lógica de *2666* sea espacial significa, como ya se ha mencionado, que el orden simbólico del espacio mismo es lo que siempre termina triunfando, y la agencia de uno o más individuos poco tienen que hacer frente a aquel. Las pretensiones detectivescas de Lalo Cura y Kessler, en este sentido, terminan siendo engullidas por el entorno corrupto y negligente de Santa Teresa.

El detective clásico no es el único sujeto que se nos muestra como inadecuado frente a los crímenes de Santa Teresa. Si Kessler y Cura representan al detective estilo "Sherlock Holmes", en el sentido que son agentes garantes de la justicia del Estado, dueños de una lógica racional inapelable que siempre los lleva de vuelta a un statu quo inicial; por ejemplo, Harry Magaña, *sheriff* de Huntville, Arizona[3], representa una clase de investigador distinto que también fracasa. Magaña, de origen hispánico pero nacido y criado en los Estados Unidos, representa al detective que ya no es parte orgánica del Estado y que muchas veces quiebra la misma ley que supuestamente defiende para la resolución sus casos. Es, en pocas palabras, el detective representante del género *noir*: un tipo "duro", generalmente fracasado[4], que no obstante posee un set de valores que se alínea con una idea de justicia absoluta que no siempre coincide con el accionar del aparato institucional[5]. Magaña, una vez que se entera de la desaparición de Lucy Anne Sander, conocida de una amiga suya, *abandona* su puesto de *sheriff* para internarse en la ciudad mexicana e investigar su desaparición como un individuo libre de ataduras legales. El sheriff norteamericano, quien quiebra la ley numerosas veces (en varios pasajes que incluyen golpizas y hasta torturas a variopintos personajes de Santa Teresa), es uno de los personajes que más se acerca a descubrir a los asesinos en cuestión, en cuanto tiene un encuentro directo con algunos responsables de los crímenes:

> [Harry] se asomó a la primera habitación. Un tipo achaparrado pero de espalda ancha estaba sacando un bulto debajo de una cama (...). El bulto estaba envuelto en plástico y Harry Magaña sintió que la náusea y la rabia lo estaban ahogando (...). El tipo achaparrado llevaba un buzo negro, probablemente el buzo oficial de una maquiladora, y su expresión era de enfado e incluso de vergüenza. La chamba dura la hago yo, parecía decir (...). [Harry] se abalanzó sobre él mirando de reojo, desesperado, las dos sombras que ya había visto a bordo de la Rand Charger, que avanzaban por el pasillo. (Bolaño 2004a, 561-562)

Aparte de volver a señalar la conexión de los asesinatos con las maquiladoras (como lo connota el buzo oficial de uno de los asesinos), esta es la única ocasión en que a nosotros, como lectores, se nos *narra* el encuentro entre un "detective" y los asesinos[6]. Considerando que lo anterior no vuelve a suceder en todo *2666*, hay que preguntarse si Bolaño, quizá, rescata parcialmente los métodos "fuera de la ley" usados por Magaña. No obstante su cercanía con los asesinos, empero, el mismo pasaje da a entender que su destino fue probablemente su asesinato, tal como su posterior desaparición confirma[7]. El tipo duro fuera de la ley, al fin y al cabo, tampoco prueba ser una solución. De manera más oblicua, Magaña también refiere a Hollywood, sólo que en vez de simbolizar al detective clásico, representa un híbrido entre un investigador privado *noir* y un *cowboy*: innegablemente más efectivo que Kessler, pero a fin de cuentas también inútil. Nuevamente, la lógica de un héroe singular —y, consecuentemente, de la búsqueda de una verdad *singular*— no tiene nada que hacer cuando se enfrenta a algo infinitamente mayor: cuando se enfrenta a un espacio, infinitamente complejo, el cual termina devorándolo.

3.1.4. ¿Quién es el culpable?

Ya hemos visto que toda clase de individuo singular, en su afán por resolver los crímenes, acaba inexorablemente fracasando. Sin embargo, sus pesquisas no son las únicas instancias en que nosotros, como lectores, tenemos un atisbo de quién está detrás de las muertes. Ya hacia el final de «La parte de los crímenes», por ejemplo, una presunta revelación de quienes podrían ser los criminales de Santa Teresa se hace patente: por un lado, se nos narra la rueda de prensa convocada por Klaus Haas —el principal sospechoso de los asesinatos— en el presidio de Santa Teresa, y por el otro, la diputada Azucena Esquivel tiene una cita con Sergio Rodríguez en la cual le revela al periodista todo lo que sabe sobre los crímenes en la ciudad mexicana. Ambas "revelaciones" son, finalmente, insatisfactorias, en el sentido que ninguna nos entrega una verdad *completa,* sino que nos otorgan piezas de un rompecabezas mayor. En consecuencia, las dos revelaciones cumplen propósitos distintos. Analizaremos ambas a continuación.

Klaus Haas, en primer lugar, revela que los principales responsables de los asesinatos son los primos Uribe, Antonio y Daniel. Si bien, según Klaus, es en un principio Antonio quien empieza a matar, poco tiempo después su primo Daniel se "calienta" y se une al ritual de violar y matar obreras. La revelación es narrada de la siguiente manera: "El nombre, dijo el periodista. Antonio Uribe, dijo Haas. Durante un instante los periodistas se miraron, por si alguno le sonaba ese nombre, pero todos se encogieron de hombros" (Bolaño 2004a, 723). Sin contar la ignorancia de los periodistas, pronto se hace evidente el desgano e incredulidad de estos últimos con respecto a la presunta "revelación" de Haas, la cual eventualmente pierde fuerza a medida que se desarrolla:

> ¿Y tú qué pruebas tienes, Klaus, para afirmar que los Uribe son los asesinos en serie?, dijo la periodista de *El Independiente de Phoenix*. En la cárcel todo se sabe, dijo Haas (…). La periodista de Phoenix dijo que eso era imposible (…). En la cárcel uno sabe lo poco que llega a la cárcel, sólo eso. Haas la miró con rabia. He querido decir, dijo, que en la cárcel se sabe todo lo que pasa en los márgenes de la ley. Eso no es verdad, Klaus, dijo la periodista. Es cierto, dijo Haas. No, no lo es, dijo la periodista. (Bolaño 2004a, 737-738)

Aparte del generalizado escepticismo con el cual es recibida la presunta "revelación" de Klaus, la razón principal por la cual su declaración final resulta ser tan decepcionante es debido a nuestra falta de familiaridad con los nombres mencionados —lo que, por supuesto, es otra subversión a las clásicas historias detectivescas que giran en torno a un asesinato. En estas últimas, la revelación siempre apunta a alguien que el lector *conoce*—de hecho, gran parte de la gracia de este tipo de género es una competencia implícita entre narrador y lector, en cuanto el segundo siempre intenta adivinar a partir de las pistas del primero quién es el culpable antes que este sea finalmente revelado[8]-. No obstante, la mención de los "hermanos Uribe" desacraliza este leitmotiv por completo: su introducción carece de efecto dramático, pues, al fin y al cabo, es lo mismo decir "hermanos Uribe" que "hermanos Soto", o "hermanos Pérez": es un significante vacío. Si a este hecho le sumamos, a su vez, que Azucena Esquivel —en un nivel diegético— le hace simultáneamente una confidencia similar a Sergio González Rodríguez, pero sin mención alguna a los primos Uribe (centrándose, por el contrario, en el involucramiento de personajes ligados al gobierno mexicano con los asesinatos), entonces la revelación de Klaus termina por diluirse por completo.

Ahora bien, Bolaño no efectúa esta decepcionante revelación como mera jugarreta, o como una simple subversión de expectativas. Más que querer poner en duda la posibilidad de alguna vez poder cerrar los crímenes en individuos singulares, la *extrañeza* producida por la revelación de Klaus funciona como un índice que nos retrae a un mundo aun mayor que el presentado en la novela. En otras palabras, al introducir presuntos culpables con los cuales no estamos familiarizados, Bolaño proyecta la responsabilidad de los crímenes a una red de narcotraficantes, o mafiosos, o degenerados —sírvase de llamarlos como quiera— a la cual nosotros, como lectores, *no tenemos acceso* en *2666*. La extrañeza y decepción de la revelación de Klaus, en este sentido, subrayan que la resolución de los crímenes no puede mantenerse, digamos, en un "ambiente familiar", propio de ciertos individuos específicos[9].

¿Es acaso la mención de Antonio y Daniel Uribe totalmente desechable, completamente hermética, sólo existente en función de sí misma? ¿Es la forma en que Bolaño nos dice, majaderamente, que no hay camino posible para el descubrimiento de los asesinos? No estamos de acuerdo: pues, alejados ya del presunto ambiente "familiar" que anteriormente he mencionado, lo que nos queda es, simplemente, analizar a Antonio y Daniel en clave *simbólica*. La descripción que Klaus hace de ambos es significativa para efectuar dicha operación:

> Lo vi una sola vez, dijo Haas. Fue en una discoteca (...). Y allí estaba este joven, sentado a una mesa (...). Junto con él estaba su primo, Daniel Uribe. A ambos me los presentaron. *Parecían*

dos jóvenes bien educados, los dos hablaban inglés y vestían como si fueran rancheros, pero estaba claro que no eran rancheros (...). Eran fuertes y altos... se notaba que iban al gimnasio y que hacían pesas y cuidaban su cuerpo. Se notaba también que la apariencia les preocupaba. Llevaban una barba de tres días, pero olían bien, el corte de pelo era el adecuado, las camisas limpias, los pantalones limpios, todo de marca, las botas rancheras relucientes, la ropa interior probablemente limpia y también de marca, dos jóvenes, en una palabra, modernos. (Bolaño 2004a, 727-728; mis cursivas)

Posteriormente, Haas señala que poseen doble nacionalidad (mexicana y estadounidense), son hijos de un exitoso empresario de Santa Teresa y su familia goza de la protección de un conocido narcotraficante de la zona. Tomando en cuenta todos los factores mencionados, la descripción que Haas hace de los primos Uribe es particularmente gravitante, sobre todo en lo que refiere al dualismo utopía/barbarie: pues los jóvenes, son, en primer lugar, "educados", y en segundo, obviamente adinerados, próximos a las esferas de poder mercantiles de Santa Teresa (tanto lícitas como ilícitas). Haas, asimismo, los sintetiza como "modernos". ¿Qué significa todo esto? Si la historia de Haas es cierta, tenemos entonces un primer atisbo de cómo lo que consideramos propio de la esfera civilizada (poder, educación, e incluso, *higiene*) puede convivir con lo barbárico (violación, asesinatos y narcotráfico). Son, en otras palabras, símbolos de la propia Santa Teresa: considerada por un lado como una ciudad "moderna" y "pujante" en el discurso global hegemónico, siendo simultáneamente un espacio en donde la barbarie reina sin contratiempo alguno. Los primos Uribe funcionan como síntesis de los conceptos de progreso y violencia en una solo entidad.

De forma paralela a la "insatisfactoria" revelación de Klaus Haas, Azucena Esquivel, diputada mexicana, despierta a Sergio Rodríguez en medio de la noche, le trae a su departamento por medio de una limusina y le cuenta el resultado de sus pesquisas en Santa Teresa. Las investigaciones de la diputada, cabe destacar, se inician luego que su mejor amiga, Kelly, desapareciera en dicha ciudad mexicana. Eventualmente, Azucena le revelará a Sergio que Kelly estaba involucrada en la organización de fiestas privadas ligadas a una red de prostitución (algo de lo cual ella no estaba al tanto y sólo se enteró después de su desaparición), y cómo consiguió el nombre de un banquero ligado a dichas fiestas. No obstante, la pesquisa se interrumpirá cuando el detective privado contratado por la diputada se dé cuenta que el banquero en cuestión es parte de una red mucho más profunda y poderosa que lo inicialmente pensado:

> Luego dijo que el referido banquero, hasta donde él sabía y sus informantes le confirmaban, tenía buenas relaciones con el partido. ¿Qué tan buenas?, le pregunté. De agasajo, susurró. ¿Hasta qué punto?, insistí. Profundas, muy profundas, dijo mi amigo. Luego nos dimos las buenas noches y me quedé pensando. Profundas quería decir lejanas en el tiempo, según el lenguaje cifrado que usábamos, lejanas en el tiempo, lejanísimas, es decir de millones de años de atrás, es decir con los dinosaurios. (Bolaño 2004a, 772)

Bolaño nos señala que las desapariciones están ligadas con redes de prostituciones protegidas por las esferas del poder político (más específicamente, con el PRI), y aunque nunca es explícito al respecto, probablemente con la industria *snuff*. En este sentido, no sólo la policía regional tiene su grado de culpabilidad por su inoperancia y corrupción, sino que el Estado *nacional*, en su totalidad, pasa a ser un cómplice más al favorecer y proteger las actividades ilícitas que se efectúan en Santa Teresa —y, como tampoco es difícil deducir, participar en ellas activamente-. En las palabras de Cathy Fourez, la lectura de *2666* desemboca en un cuestionamiento y en una crisis de las instituciones mexicanas, en cuanto "el estado ya no se erige como un garante del orden y de la cohesión, ni como el justiciero" (2006, 42). Bolaño pareciera decirnos que la confluencia entre un estado ya corrupto, la emergencia meteórica del narcotráfico y el abandono de la institucionalidad neoliberal en relación a lo que refiere a la protección de su ciudadano es fórmula segura para un desastre generalizado (Franco 2013, 215). Siguiendo la línea clásica del policial latinoamericano, consecuentemente, el aparato estatal en *2666* deviene otro antagonista más, preocupado principalmente de la conservación de su poder y del goce de los privilegios que poseen sus integrantes más que el bienestar general de los ciudadanos de su nación.

No obstante lo dicho, la revelación de Azucena Esquivel no es meramente un índice de la complicidad del Estado en relación a los asesinatos, sean estos proferidos por quien sea (algo que es bastante fácil de deducir a lo largo de toda «La parte de los crímenes», sin que sea necesario tener a la diputada hablando para confirmarlo), sino que también connota un rasgo de *2666* que busca tener incidencia en lo real concreto: señalar el rol que debiese tomar el medio periodístico en relación a la tragedia humana de Ciudad Juárez. En otras palabras: si bien Bolaño evita enmarcar los asesinatos dentro de un marco discursivo que pueda *cerrarlos* debido a un motivo singular (digamos, individuos particulares, industria *snuff* o machismo cotidiano), también apunta directamente al medio periodístico como un discurso que debe otorgar —por lo menos— *claridad* con respecto a los feminicidios.

Lo anterior, en *2666,* se connota por medio de dos operaciones. La primera es incluir a Sergio González Rodríguez como personaje en *2666*. Al contrario del cambio de nombre que Bolaño efectúa con Ciudad Juárez en vistas de elevarla por sobre su circunstancialidad histórica, el escritor chileno no siente la misma necesidad con el periodista, el cual conserva su nombre real dentro de la novela. Considerando que *Huesos en el desierto*[10] estaba en gestación de forma paralela a *2666* y vio su publicación un año antes de la muerte de Bolaño (2002), la intención del escritor chileno por apuntar hacia ella se hace patente al referir a Sergio González en su escritura de forma directa. Bolaño, a regañadientes, reconocía la fama que había alcanzado luego de la escritura de *Los detectives salvajes*[11], y a su vez admiraba obras literarias capaces de llevarte *más allá* de su plano discursivo, como ya he mencionado. Estos dos factores pudieron haberle llevado a buscar replicar ambas cosas: por un lado, aumentar la notoriedad de los feminicidios de Ciudad Juárez valiéndose de su ya cimentada fama (llevándonos a nosotros, como lectores, a la obra de Sergio González Rodríguez); y, por el otro, *abrir 2666* a una intertextualidad que expandiera su potencialidad semántica más allá de sus propios límites como texto. Lo anterior no deja de ser sumamente significativo: pues, si Bolaño buscaba, por una parte (aunque no carente de conflicto, como ya describí anteriormente) sublimar la barbarie narrada y conectarla a un fenómeno histórico-universal, la inclusión de Sergio González Rodríguez como personaje representa la otra cara de la moneda: un paso hacia el libro de *denuncia o testimonio*, uno que busca darle relevancia a un asunto crítico ligado a lo real concreto. En este sentido, Bolaño, al mismo tiempo que no traiciona la condición corrosiva de la representación literaria en relación a lo real —no cerrando, en definitiva, los crímenes en relación a una causalidad cerrada, unívoca, sino que abriendo lo barbárico a una condición de sublime, propio de la naturaleza humana—, también apunta con un dedo al discurso periodístico, señalándolo, al fin y al cabo, como una contraparte discursiva necesaria para entender la barbarie en nuestro acontecer sociohistórico.

El segundo modo en que Bolaño busca influir en lo real concreto por medio del discurso periodístico es cuando el relato de Azucena a Sergio González llega a su final y su petición al periodista se hace clara: *quiere que escriba*, que no se mantenga en silencio, que *estructure* los fragmentos que ella le ha otorgado en un relato coherente. En palabras de la diputada: "Ahora quiero que usted... agite el avispero. Por supuesto no va a estar solo. Yo estaré siempre a su lado, aunque usted no me vea, para ayudarlo en cada momento" (Bolaño 2004a, 790). La primera persona del relato personal da paso al uso de la segunda, refiriéndose directamente al periodista. Considerando que «La parte de los crímenes» finaliza en la página posterior, es imposible no sentir cierto sentido de clausura en las palabras de Azucena. ¿Pero qué clase de clausura es ésa?

Según nuestra perspectiva, la petición final de Azucena Esquivel a Sergio González va más allá del plano literario y deviene un llamado *a la acción directa*—acción que, al igual que el "guiño" de Bolaño a la obra real de Sergio González, trasciende el plano discursivo y busca tener influencia en nuestra realidad concreta. Aquel "usted" que Azucena usa para referirse a Sergio González, al fin y al cabo, supone un llamado de atención *al receptor mismo de la novela* debido al uso de la segunda persona: una exhortación al lector a "agitar el avispero", a averiguar los culpables concretos de la tragedia humana en Ciudad Juárez. Que el relato de Azucena se interrumpa en ese instante, que no haya respuesta de Sergio Rodríguez y que la segunda persona gramatical *fusione* al reportero con cualquier hipotético lector, conduce, al final, a un efecto de impulso a quien quiera que esté leyendo. Dicho de otro modo, el lector *deviene* Sergio González Rodríguez una vez que lee esas palabras. Este es uno de los pasajes, consecuentemente, en donde la ética subyacente de *2666* se hace más patente, y se aleja de su pretendido nihilismo para en cambio promover la acción directa y la valentía, aspectos que siempre están en concordancia con el héroe bolañano, como detallaré posteriormente.

3.1.5. "Todos están metidos"

Pero volvamos al corpus que estrictamente nos atañe: *2666*, y la problemática que supone encontrar los culpables de la barbarie en su interior. ¿Qué es lo que nos queda a nosotros, como lectores, después de esta serie interminable de pistas, subversiones de expectativas y señalamientos a múltiples responsables? En relación a los crímenes de Santa Teresa, Alexis Candia resume la presunta identidad de los asesinos de la siguiente forma:

> A pesar de que no es posible dilucidar la identidad de los asesinos con las desperdigadas pistas que da Bolaño, es dable sostener que estos pertenecen a las esferas de poder, debido a que pueden mover cadáveres, eliminar pruebas, testigos e incluso agentes de la ley. Aunque es posible la culpabilidad de Klaus Haas en algunos crímenes, es evidente que los responsables están ligados al narcotráfico, al empresariado o a las snuff-movies. (Candia 2006, 121)

Este nivel de culpabilidad corresponde al nivel más explícito de la tragedia humana de Ciudad Juárez. No obstante, tal como dice Candia, Bolaño evita una identificación sin conflictos entre crimen y asesinos, no porque no se quiera denunciarlos, sino porque se estaría traicionando la tensión que sostiene todo *2666:* la ya mentada pugna entre simbolismo y materialidad. Si Bolaño hubiese "concluido" «La parte de los crímenes»—ya sea revelando de forma explícita los asesinos o bien, incluso peor, con su captura—, toda potencialidad de alegoría que *trascendiese* la circunstancialidad histórica de Ciudad Juárez se hubiese perdido. Pues Bolaño no sólo está interesado en llamar la atención sobre lo que sucede en dicha ciudad mexicana, sino en conectar la violencia de dicha ciudad con una barbarie cíclica más profunda. Sin embargo, ¿cuál es la naturaleza de dicha barbarie universal? ¿De qué hablamos exactamente cuando nos referimos a aquella?

Veamos el problema con detención. Fate, en una de sus múltiples paradas en restaurantes de carretera, oye un diálogo entre Albert Kessler y un joven desconocido, posiblemente un aficionado suyo. En el momento en que Fate le escucha, Kessler ya ha estado en Santa Teresa e intentado esclarecer la naturaleza de los crímenes, sin éxito[12]. En relación a los feminicidios que no parecen tener final, Kessler le confiesa lo siguiente a su joven discípulo: "Compartiré contigo tres certezas. A: esa sociedad está fuera de la sociedad, todos, absolutamente todos son como los antiguos cristianos en el circo. B: los crímenes tienen firmas diferentes. C: esa ciudad parece pujante, parece progresar de alguna manera, pero lo mejor que podrían hacer es salir una noche al desierto y cruzar la frontera, todos sin excepción, todos, todos" (Bolaño 2004a, 339).

Vale la pena detenerse en la cita de Kessler como punto de partida para empezar a proyectar la barbarie representada no sólo Santa Teresa, sino omnipresente en todo *2666*[13]. En primer lugar, mencionar que la "sociedad está fuera de la sociedad" no sólo connota, como bien señala Alice Driver, que los habitantes de Santa Teresa no gozan de la protección que el ideal de una "ciudadanía" otorga (Driver 2015, 62), sino también cumple con el propósito de proyectar a Santa Teresa en un escenario global en el que ciertas vidas tienen más valor que otras e incluso el sacrificio de aquellas vidas infravaloradas tiene una condición de *espectáculo* para los privilegiados[14]. Asimismo, lo anterior no es un fenómeno exclusivamente contemporáneo, en cuanto el mismo detective norteamericano reconoce la existencia de un discurso histórico y global que claramente privilegia ciertos individuos en desmedro de otros. En sus propias palabras:

> Los franceses, por ejemplo. Durante la Comuna de 1871 murieron asesinadas miles de personas y nadie derramó una lágrima por ellas. Por esa misma fecha un afilador de cuchillos mató una mujer y a su anciana madre (no la madre de la mujer, sino su propia madre, querido amigo) y luego fue abatido por la policía. La noticia no sólo recorrió los periódicos de Francia sino que también fue reseñada en otros periódicos de Europa e incluso apareció una nota en el *Examiner* de Nueva York. Respuesta: los muertos de la Comuna no pertenecían a la sociedad, la gente de color muerta en el barco no pertenecía a la sociedad, mientras que la mujer muerta en una capital de provincia francesa y el asesino a caballo de Virginia sí pertenecían, es decir, lo que a ellos les sucediera era escribible, era legible. (Bolaño 2004a, 339)

Kessler proyecta la distinción entre lo que entendemos por una vida *legítima* en contraste con una accesoria, o bien de ínfimo valor, más allá del contexto mexicano, haciendo equivalente la invisibilidad de las muertes de Santa Teresa con ejemplos de barbarie pasados. La sociedad de la cual habla Kessler, a su vez, se nos devela como un constructo discursivo que busca *invisibilizar* sus periferias, sus oprimidos, sus muertos, para justamente no perder su lógica y cohesión interna. Regida la sociedad occidental por valores ilustrados, la mera existencia de los explotados pondría en entredicho la base valórica desde la cual la cultura —vista como un todo— descansa. En este sentido, más importante que la aseveración de una inequidad social por parte de Kessler es el hecho que éste último subraye una operación activa por parte de los núcleos de poder por *fragmentar* una visión holística de nuestra sociedad. En sus propias palabras: "las palabras solían ejercitarse más en el arte de *esconder* que en el arte de develar" (Bolaño 2004a, 339; mis cursivas). Kessler, por tanto, denuncia la existencia de una ideología —entendida como falsa conciencia— que oculta las contradicciones internas del capitalismo moderno. El discurso hegemónico buscará siempre ocultar a los excluidos de sus centros de privilegio, o en el peor de los casos, *normalizar* su miseria, racionalizar su sufrimiento en vistas de salvaguardar la existencia del sistema mismo. Ambas operatorias, por supuesto, son aplicables al caso de Santa Teresa: primero, ante la inicial renuencia por parte de las esferas de poder por darle cobertura a los asesinatos en los medios; y segundo, una vez que es evidente la imposibilidad de esconderlos, por su intento de normalizarlos: crímenes comunes y corrientes de una ciudad en desarrollo.

Sumado a lo anterior, Kessler identifica esta discriminación sistemática como un fenómeno transversal a toda la sociedad occidental. Condiciéndose con la idea del eterno retorno, la barbarie descrita por Kessler reaparece en distintos escenarios y períodos históricos, repitiéndose la historia de discriminación y violencia bajo distintas máscaras. Esto, consecuentemente, tiene como propósito subrayar que nuestra barbarie contemporánea (Santa Teresa) no es, al fin y al cabo, distinta a aquellas que la preceden, sino, más bien, una reactualización directa de atrocidades anteriores, la misma barbarie en esencia. A modo de subrayar esto último, los ejemplos que el mismo Kessler menciona no son fortuitos, pues están presentes en otras partes de la novela: La Comuna de París de 1871, para empezar, reaparecerá más tarde en «La parte de Archimboldi» a través de la remembranza de Gustave Courbet, a quien se identifica como un ejemplo único de valor en un proyecto de cambio social que termina en desastre; a su vez, la "gente de color" que Kessler saca a colación (el triángulo esclavista entre Europa, África y América) reaparece en la misma parte de Fate en relación a todo lo que tiene que ver con tensiones raciales de nuestro presente y la colonialidad del Sur Global; y las muertas de Santa Teresa, como bien es sabido, son el tema central de la cuarta parte de la novela misma. Significativas son entonces estas menciones, pues aparte de proyectar (e *historizar*) la barbarie a un nivel global, sirven como punto de fuga para todas las barbaries presentes en todo *2666*, acentuando su carácter unitario dentro los contornos de la misma obra.

Ahora bien, ¿cómo se relaciona esta idea de vidas accesorias, "fuera de la sociedad", con el contexto contemporáneo de Santa Teresa? ¿Cómo se condice el concepto de existencias invisibles con los reiterados asesinatos a las obreras de las maquiladoras? Por medio de dos vertientes. La primera es relativa al ámbito socioeconómico; la segunda, al ámbito genérico-sexual. Nos explayaremos en ambas a continuación.

Nuestra primera tesis refiere a la exacerbación de la lógica del mercado libre al ámbito de las relaciones sociales en Santa Teresa. No es coincidencia que la ciudad mexicana sea un modelo del sistema capital neoliberal y que en ella se produzcan asesinatos en masa de sus obreros: es, por el contrario, una causa directa. Ya hemos hablado de cómo la primera violencia en torno a las trabajadoras de Santa Teresa es socioeconómica; coincidentemente, todas las víctimas son obreras, mano de obra barata. Si a esto le añadimos el hecho de que usualmente las mujeres asesinadas son previamente torturadas y violadas para posteriormente ser desechadas, entonces su estatus —a ojos de los asesinos— se nos hace más claro: debido a su condición marginal, una reificación extrema opera en torno a sus cuerpos —operación que las hace susceptibles a ser "consumidas" y posteriormente desechadas por parte de los perpetradores-. En resumidas cuentas, su reificación en tiempos neoliberales ha hecho que sus propias existencias pierdan su estatus humano y devengan *objetos de consumo*.

Lo que presenciamos aquí, a fin de cuentas, es una violencia netamente vertical: pues se subentiende que la posesión de capital otorga legitimidad a todas las acciones de quien lo posee, incluido el asesinato de aquellos excluidos de la idea de sociedad; es decir, los "no-humanos". El profundo arraigue social de una ideología de consumo en Santa Teresa —ciudad campeona del neoliberalismo—, por tanto, deriva una cosificación de las mujeres obreras, cuyas vidas, debido a su condición periférica y menos privilegiada, es reducida a la de materia, números, *mercancía*, destinadas a saciar un hambre de ocio y violencia por parte de un sector privilegiado para luego ser desechadas sin más.

Los asesinos, consecuentemente, no simbolizan una expresión desregulada y caótica del "mal", sino más bien todo lo contrario: son la razón al servicio del mal, el dominio de una lógica del placer y consumo que ha devenido, al fin y al cabo, un fin en sí misma. Las muertes de Santa Teresa probablemente hallan su explicación, para volver a una expresión de Bolaño, en una "libertad malentendida", en el sentido de que la cultura consumista, individualista y exitista de nuestro neoliberalismo contemporáneo permite la erección de una cosmovisión en la que la violación y posterior asesinato de una mujer son vistos como algo coherente en su misma código moral. En otras palabras: la misma utopía neoliberal da paso a que los privilegiados deshumanicen a las obreras de Santa Teresa, las conciban como objetos y las "consuman", ya sea para satisfacer a sus retorcidos gustos personales, o bien para ser partes de la industria *snuff*, sin contradecir, en esencia, la lógica del libre mercado. Es la expresión más abstracta de una ideología de consumo. Es un acto barbárico, inhumano, pero, al fin y al cabo, no carente de lógica interna.

Ahora bien, en cuanto a la segunda vertiente que nos ayuda a dimensionar los asesinatos de Santa Teresa, Jean Franco nos otorga otro necesario alcance teórico: uno que tiene que ver con el avance de los derechos de las mujeres y una reacción violenta, visceral, frente a los mismos. Hablamos aquí de violencia genérico-sexual contra la mujer. Tal como muchas veces se menciona, Santa Teresa —a pesar de toda la miseria del trabajo de las maquiladoras— *sí* representa una ciudad en la cual las obreras pueden subsistir sin la figura del tradicional "proveedor del hogar", generalmente masculino. En palabras de Rosa Márquez, amiga de Estrella Ruiz Sandoval, mujer asesinada: "¿Para qué queremos un hombre si nosotras solas ya trabajamos y nos ganamos nuestro sueldo y somos independientes?" (Bolaño 2004a, 586). En reacción a esta "obrerización" masiva del género femenino en Santa Teresa, dice Franco, los asesinatos de la ciudad mexicana estarían conectados con un machismo profundo, resentido del avance parcial del género femenino en vistas de su subversión de un orden socioeconómico patriarcal. En sus palabras:

> Mexico represents, in exaggerated form, a hostility toward women that, despite feminism, despite the partial acquisition of women's rights, is deeply embedded. [We are talking about] extreme forms of masculinity that are endorsed by society itself (…). There is an unleashed quality about contemporary machismo that has burst forth exactly at the moment when more women are acquiring power. (Franco 2013, 244-245)

Esta es también la razón por la cual Bolaño, *estéticamente*, no distingue entre los crímenes mal llamados "pasionales" y aquellos que probablemente están más cercanos al mundo del narcotráfico o bien a la industria *snuff*: en ambos casos está presente la cosificación de la mujer y un desprecio a su constitución existencial como agente, como individuo.

En resumidas cuentas, la barbarie en Santa Teresa es una sola, pero con múltiples aristas. Como ya mencioné anteriormente, la "fragmentación" de Santa Teresa no tiene tanto que ver con su paisaje aparentemente "absurdo", sino en la *sobrecarga* de factores que inciden en su situación catastrófica. Hay una violencia cotidiana en ella que conjuga múltiples elementos: condición periférica de las obreras, machismo imperante y abuso e impunidad de las clases privilegiadas. En su conjunto, los elementos mencionados conforman un *espacio* barbárico. Para reiterar entonces una idea —quizá, de forma majadera—, no hay culpables singulares, sino más bien la conjunción de una serie de factores que crean una zona en donde la barbarie se manifiesta sin resistencia alguna. Quizá sea Leonidas Morales el que mejor resume el carácter vacuo del mal bolañano:

> [E]l nuevo orden de la vida cotidiana (…) está gobernado (…) por la ética, la política y la estética del consumo (de la mercancía), y por la hegemonía culturalmente modeladora de expectativas ejercida por los medios de comunicación (…). El poder mismo (…) en Bolaño, se retira del primer plano, se sumerge y se disemina hasta volverse ubicuo. (Morales 2008, 38)

En otras palabras, no hay un *agente* específico del mal, sino la dinámica de un espacio que reproduce una discriminación y violencia sistemática. Aquel "todos están metidos" que Amalfitano profiere en

«La parte de Fate» adquiere entonces un valor sumamente simbólico: pues señala la responsabilidad criminal de una cultura entera, de una lógica dialéctica que se manifiesta violentamente una y otra vez, asumiendo diferentes máscaras, distintas personificaciones.

3.1.6. *El abismo, o la inexorable distancia*

No sólo la utopía neoliberal está presente en Santa Teresa. La primera parte de la novela se encarga de simbolizar la presencia y —paradójicamente— la distancia entre el discurso moderno y el *milieu* mexicano y su uso para acciones que valóricamente representan su opuesto. *2666* representa ambas operaciones, primordialmente, por medio de la travesía de los críticos europeos en Santa Teresa.

El discurrir de los críticos no deja de ser curioso. Pues lo que parece ser un tranquilo *campus novel* centrado en dramas amorosos y disquisiciones académicas sufre un repentino vuelco cuando su escenario cambia a la ciudad mexicana. El viaje a Santa Teresa saca a Pelletier, Espinoza y Norton de su zona de confort y les sitúa en una realidad a la cual nunca hubiesen accedido (quizá, sólo a través de los libros) si es que no fuese por Archimboldi: una ciudad en donde la violencia, la muerte y la miseria son palpables. Su reacción frente a esto último develará, en última instancia, la levedad del discurso moderno, del cual los críticos son implícitos representantes.

Volvamos por unos momentos al sueño de Kessler en el cual camina alrededor de un cráter. Postulaba que dicho pasaje onírico simbolizaba la incapacidad del detective norteamericano de realmente acceder al meollo de los asesinatos de Santa Teresa; a una condena de eternamente lindar por los bordes de un cráter inexpugnable que podríamos denominar, a grandes rasgos, la "verdad". Ahora bien, una imagen muy similar puede encontrarse en «La parte de los críticos». Espinoza, Pelletier y Norton, quienes recién empiezan a descubrir la barbarie de Santa Teresa, pasan una velada con Amalfitano, profesor chileno "experto en Benno Von Archimboldi", quien les sirve como guía turístico. Amalfitano, podemos deducir de la lectura, comprende la frivolidad del viaje de los críticos, los cuales pretenden encontrar al escritor alemán impulsados primordialmente por sentimientos de fetichismo y vanidad. Sin que realmente los críticos europeos se den por aludidos, Amalfitano da un largo monólogo sobre la función del crítico contemporáneo, en la cual destacan el reduccionismo de su círculo y su pedantería al querer interpretar el abismo de acuerdo a sus propios pobres términos:

> Y así llegas, sin sombra, a una especie de escenario y te pones a traducir o a reinterpretar o a cantar la realidad. El escenario propiamente dicho es un proscenio y al fondo del proscenio hay un tubo enorme, algo así como una mina o la entrada a una mina de proporciones gigantescas. Digamos que es una caverna. Pero también podemos decir que es una mina. De la boca de la mina salen ruidos ininteligibles. Onomatopeya, fonemas furibundos o seductores o seductoramente furibundos o bien puede que sólo murmullos y susurros y gemidos. Lo cierto es que nadie ve, lo que se dice ver, la entrada de la mina (...). En realidad, sólo los espectadores que están más cercanos al proscenio, pegados al foso de la orquesta, pueden ver, tras la tupida red de camuflaje, el contorno de algo, no el verdadero contorno, pero sí, al menos, el contorno de algo. Los otros espectadores no ven nada más allá del proscenio y se podría decir que tampoco les interesa ver nada. Por su parte, los intelectuales sin sombra están siempre *de espaldas* y por lo tanto, a menos que tuvieran ojos en la nuca, les es imposible ver nada. Ellos sólo escuchan los ruidos que salen del fondo de la mina. Y los traducen o reinterpretan o recrean. Su trabajo, cae por su peso decirlo, es pobrísimo (...). El escenario en que trabajan, por otra parte, es muy bonito, muy bien pensado, muy coqueto, pero sus dimensiones con el paso del tiempo cada vez son menores. (Bolaño 2004a, 161)

Amalfitano, por medio de su intervención, simboliza primero la complejidad de la existencia mediante la figura del *abismo*. El crítico, asimismo, deviene un intérprete vanidoso y pobre, en cuanto realmente no le interesa enfrentar el abismo de frente (está de espaldas) y sus recreaciones de los "ruidos ininteligibles" generalmente "cae[n] por su propio peso". Pero nada de eso pareciese importarles a los críticos, los cuales se mueven en un circuito reducido, con pocos participantes, no obstante "muy bonito". Es un pasaje altamente alegórico, en donde la función de los académicos queda seriamente en entredicho al denunciarse, implícitamente, su comodidad frente a lo sublime y su arrogancia al pretender interpretarlo de un modo orgullosamente optimista. Esta crítica, trasladada a otro contexto, es en esencia la misma ironía de la cual es presa Kessler: su inexorable distancia ontológica a la hora de enfrentarse al espacio de Santa Teresa, su sutilísima arrogancia al querer develar a los culpables de Santa Teresa bajo la lógica del psicópata singular, y su ceguera ante un espacio sumamente complejo y cuyo "desciframiento" escapa los alcances del detective tradicional. La interpretación de la realidad, tanto en el caso Kessler como los críticos, en este sentido, se encuentra inevitablemente lejana: la comodidad y pequeñez desde donde surge necesariamente tergiversa y reduce lo real concreto.

Ahora bien, esta misma idea de distancia o de abismo insalvable aparece en reiteradas ocasiones en relación al arte. Espinoza y Pelletier, por ejemplo, tienen un atisbo de lo anterior cuando visitan a la señora Bubis, la dueña de la editorial donde publica Archimboldi. En dicha visita, la señora Bubis se pregunta "hasta qué punto alguien puede conocer la obra de otro" y pone como ejemplo la apreciación que ella y un amigo suyo, un crítico de arte, tienen de la obra pictórica de Grosz. Para ella, Grosz le produce una alegría y una risa inevitables; para su amigo, por el contrario, la obra de Grosz le causa una depresión profunda. ¿Pero quién, en última instancia, es aquel que experimenta Grosz de forma adecuada? En las palabras de la señora Bubis:

> Supongamos —dijo la señora Bubis— que en este momento llaman a la puerta y aparece mi viejo amigo el crítico de arte. Se sienta aquí, en el sofá, a mi lado, y uno de ustedes saca un dibujo sin firmar y nos asegura que es de Grosz y que desea venderlo. Yo miro el dibujo y sonrío y luego saco mi chequera y lo compro. El crítico de arte mira el dibujo y *no* se deprime e intenta hacerme reconsiderar. Para él no es un dibujo de Grosz. Para mí es un dibujo de Grosz. ¿Quién de los dos tiene razón? (Bolaño 2004a, 45)

La señora Bubis trae a colación, más que un análisis netamente intelectual de una obra de arte, una sensación *gutural* de la misma, una experiencia incapaz de ser encapsulada por medio de categorías fijas o bien comprendida por un marco netamente racional. Consecuentemente, luego de tal reflexión, Espinoza y Pelletier sufren una crisis vocacional muy fuerte:

> Dicho en una palabra y de forma brutal, Pelletier y Espinoza (…) se dieron cuenta de que la búsqueda de Archimboldi no podría llenar jamás sus vidas. Podían leerlo, podían estudiarlo, podían desmenuzarlo, pero no podían morirse de risa ni deprimirse con él, en parte porque Archimboldi siempre estaba lejos, en parte porque su obra, a medida que uno se interna en ella, devoraba a sus exploradores. (Bolaño 2004a, 47)

Dicho fenómeno de distancia, cabe destacar, se reitera al final de «La parte de los críticos», reflejada de forma explícita en la declaración final de Pelletier en torno al escritor alemán perdido en Santa Teresa: "Archimboldi está aquí —dijo Pelletier—, y nosotros estamos aquí, y esto es lo más cerca que jamás estaremos de él" (Bolaño 2004a, 207). Al fin y al cabo, lo que se subraya aquí es un divorcio visceral entre la experiencia vital de Archimboldi y la de los críticos. No es, como pudiese pensarse a primera vista, que los críticos se encuentren irremediablemente separados del escritor alemán por una incapacidad intelectual de interpretar su obra (algo que la novela insinúa que son muy capaces), sino que tiene que ver, al final, con una experiencia más visceral con respecto a la existencia misma (y es, en definitiva, la razón por la cual no pueden aproximarse a su arte de manera más que racional: de forma inteligente, pero inevitablemente fría). Si queremos usar los términos de Amalfitano, para volver a la alegoría del profesor chileno, la diferencia fundamental está entre afrontar el abismo de frente o de espaldas. Los críticos, en primer lugar, no corren riesgos vitales cuando es necesario; y segundo, pareciesen "flotar" con respecto a la existencia misma, sin nunca realmente *aterrizar* en la realidad concreta. En palabras de Oswaldo Zavala:

[M]ientras que para los críticos sólo resulta productivo analizar las simbolizaciones literarias de Archimboldi, los efectos de lo real abren un espacio de experiencia que ellos simplemente no pueden, y no se han propuesto, descifrar. La frontera que los críticos observan está limitada por un sofisticado acto de lectura que sin embargo permanece exterior al orden de lo real que los interpela. (Zavala 2015, 156)

En consecuencia, es pertinente sopesar la actitud general con la cual los críticos enfrentan el *milieu* de Santa Teresa. La sensación general de estos últimos cuando se llega a la ciudad mexicana, de acuerdo al narrador, es la siguiente:

la sensación de estar en un medio hostil, aunque hostil no era la palabra, un medio cuyo lenguaje se negaban a reconocer, un medio que transcurría paralelo a ellos y en el cual sólo podían imponerse, ser sujetos únicamente levantando la voz, discutiendo, algo que no tenían intención de hacer. (Bolaño 2004a, 150)

Los críticos reconocen (y, de forma sutilísima, desprecian) estar frente a un contexto infinitamente más caótico e irracional que las cómodas aulas de sus universidades europeas, y la mayoría del tiempo lo pasan encerrados en sus hoteles, no queriendo interactuar con su entorno con nada que no tenga que ver con el posible encuentro de Archimboldi.

No obstante lo dicho, hay pequeños atisbos por parte de los críticos por realmente involucrarse en lo que sucede en Santa Teresa —atisbos que rápidamente son interrumpidos o bien terminan en fracaso-. Esto sucede, en primer lugar, con Pelletier, particularmente en el episodio en el que el francés y su colega español visitan un bar con un par de universitarios mexicanos. En la conversación, Espinoza y Pelletier se enteran de la muerte masiva de mujeres en Santa Teresa, hecho que les causa estupor y horror. Pelletier, motivado por la revelación, decide ahondar posteriormente en la situación actual del lugar donde está parado: "Ya basta de alcohol y comidas que me están destrozando el estómago. Quiero enterarme de qué está pasando en esta ciudad" (Bolaño 2004a, 181). Sin embargo, dicha tentativa es rapidísimamente abandonada: "después de descifrar los periódicos Pelletier tuvo ganas de ducharse y sacarse de encima toda la mugre que se le había adherido a la piel" (Bolaño 2004a, 184). Considerando que Pelletier *nunca más* vuelve a mostrar el más mínimo interés en relación a los asesinatos (no saliendo de su hotel, y releyendo a Archimboldi una y otra vez), aquel acto de ducharse "para sacarse la mugre" adquiere un simbolismo particularmente significativo: Pelletier, literalmente, se lava las manos ante la tragedia humana que lo rodea; tiene un atisbo de las inmensidad de la barbarie relativa al espacio en donde se encuentra parado, y decide, en última instancia, alejarse del abismo, mantenerse a salvo en Archimboldi.

Espinoza, por su lado, también tiene una oportunidad similar: entabla una relación amorosa con Rebeca, una joven que vende alfombras en la calle. No obstante, la relación, por lo menos, a ojos del crítico español, es pasajera. Después de toda una noche de relaciones sexuales (en donde el español incluso ha vestido a su antojo a la adolescente mexicana), a la pregunta si se volverán a ver, Espinoza actúa con visible desgano, encogiéndose de hombros y dando respuestas vagas. A pesar de su posterior promesa de efectivamente volver a Santa Teresa a buscarla, Rebeca reconoce la hipocresía del español y termina no diciéndole nada (Bolaño 2004a, 205).

Liz Norton quizá sea la única que reconoce desde el principio el absurdo del viaje que ella y sus compañeros han emprendido. Si bien comparte el desprecio a la ciudad mexicana que Espinoza y Pelletier confieren en su corta estadía, su paso por Santa Teresa está más vinculado a una epifanía personal que el periplo ayuda a activar. Su estadía en la "horrible ciudad" le ayuda, en parte, a tener un atisbo de lo total al reconocer la violencia en Santa Teresa como un espejismo de las violaciones de mendigas en Londres, como detalla en su carta a Espinoza y Pelletier. El viaje de Norton —que requiere un ensayo por sí mismo—, empero, connota una rendición de la búsqueda de sentido por medio de la figura de Archimboldi, y una revelación similar a la que tiene Morini, en el sentido que es un viaje que ya no gira "alrededor del sepulcro de un valiente sino alrededor de una resignación (…) un estado de mansedumbre, una humildad exquisita e incomprensible" (Bolaño 2004a, 145).

En referencia a su estadía en Santa Teresa en términos generales, sin embargo, la indiferencia de los críticos no basta para su condena como personajes "reprobables"; es su simbolismo. Los críticos, en su calidad de intelectuales europeos, representan el estandarte del pensamiento moderno, progresista y racional; su indiferencia ante la masacre de obreras, en este sentido, deviene la indiferencia del discurso moderno como un todo. Considerando los temas que los mismos críticos europeos trabajan (la literatura postguerra en Alemania, el duelo, la memoria, etc.), cierto rol público del intelectual debería estar presente tanto en Espinoza, Pelletier o Norton. No obstante, los críticos son meramente caras visibles de la figura del intelectual comprometido sin en ningún momento efectivamente *devenirlo*. Su actuar vacuo y arrogante les transforma en portadores de máscaras utópicas sin peso alguno en la realidad concreta. Es más, podría aumentarse la severidad de la acusación: la obra los señala como *cómplices* de la barbarie que les circunda, agentes civilizadores propagadores de lo barbárico en vistas de un bien mayor.

Lo anterior —su condición de cómplices— tal vez encuentra su connotación más explícita en la pelea de los críticos con el taxista paquistaní. En aquel episodio, el cual ocurre unos meses antes que los críticos decidan viajar a Santa Teresa, Espinoza, Pelletier y Norton se refieren a su triángulo amoroso de forma abierta mientras viajan en un taxi de Londres (con referencias a Borges, Dickens y Stevenson de por medio). El taxista paquistaní, el cual les escucha escandalizado, se refiere entonces a Norton como una prostituta. El resultado es una violenta represalia por parte de Pelletier y Espinoza que vale la pena citar en extenso:

> Espinoza (…) abrió la puerta delantera del taxi y extrajo violentamente de éste a su conductor, quien no esperaba una reacción así de un caballero tan bien vestido. Menos aún esperaba la lluvia de patadas ibéricas que empezó a caerles encima, patadas que primero sólo le daba Espinoza, pero que luego, tras cansarse éste, le propinó Pelletier, pese a los gritos de Norton que intentaba disua-

> dirlos, las palabras de Norton que decía que con violencia no se arreglaba nada, que, por el contrario, este paquistaní iba a odiar aún más a los ingleses, algo que por lo visto traía sin cuidado a Pelletier, que no era inglés, menos aún a Espinoza, los cuales, sin embargo, al tiempo que pateaban el cuerpo del paquistaní, lo insultaban en *inglés*. (…) patada va y patada viene, métete el islam por el culo, allí es donde debe estar, esta patada es por Salman Rushdie (un autor que ambos, por otra parte, consideraban más bien malo, pero cuya mención les pareció pertinente), esta patada es de parte de las feministas de París… esta patada es parte de las feministas de Nueva York (…) y así, hasta dejarlo inconsciente y sangrando por todos los orificios de la cabeza, menos por los ojos. (Bolaño 2004a, 103)

El comentario notoriamente sexista del taxista recibe, al contrario de lo que podríamos esperar de lo que presuponemos son personajes estandartes de la modernidad contemporánea, una respuesta más barbárica y absurda de su parte. Según Chris Andrews, "the point of this episode (…) seems to be that barbaric may be lodged at the apparent heart of civilization, an idea that inevitably recalls thesis VII of Walter Benjamin's 'On the Concept of History'" (2014, 84). Concurrimos con Andrews parcialmente: pues de su afirmación se desprende que lo civilizado aún puede ser concebido de forma "pura", no contaminada. Lo que Bolaño hace aquí, por el contrario, es retratar cómo la barbarie es *también* lo civilizado. En otras palabras: no es, digamos, un "desliz" de violencia por parte de los críticos, sino, por el contrario, el derrumbamiento de toda máscara para mostrarnos la violencia inherente que se esconde detrás de su discurso moderno, el cual blanden como escudo para imponer su cosmovisión supuestamente civilizadora.

Los detalles de la narración son dignos de mencionar. La afirmación de Norton relativa a que si se lo sigue pateando "odiará más a los ingleses" connota un egocentrismo que aún se niega a concebir al Otro como un individuo que debe ser empatizado meramente por su existencia y no por su relación a un "nosotros". Que Espinoza y Pelleter insulten al taxista en inglés, asimismo, no deja de ser relevante, pues supone en última instancia un ejercicio de poder colonial: el uso del idioma inglés, en ese contexto determinado, les posiciona como el sujeto occidental que intenta imponer su ilustración de forma violenta y brutal. La mención de Salman Rushdie y las feministas de Nueva York y París terminan por coronar la profunda contradicción que supone el pasaje: pues, a nombre de la literatura y de movimientos sociales creados para la creación de una sociedad más justa, se patea hasta al cansancio y se deja casi muerto a aquel que representa una amenaza "barbárica" a estas ideas ilustradas. La paliza de los críticos al taxista, al fin y al cabo, no es muy distinta al proceso de colonización *per se*: simboliza la imposición —violenta, brutal— de cierto orden sociopolítico que es, en teoría, superior a la cual domina.

3.1.7. *La racionalización de la barbarie, o la normalización del mal*

La "barbarie", como nombre que designa la atrocidad presente en Santa Teresa y el Holocausto de la Segunda Guerra Mundial quizá no sea el concepto más adecuado para referirse a las tragedias humanas presentes en *2666*. Pues el mismo concepto de barbarie, como hemos venido desarrollando, tiene en su germen su opuesto: una utopía progresista e ilustrada, asociada comúnmente con el ideal de una civilización moderna. En este sentido, lo barbarie ya no es un brote irracional y caótico opuesto al orden civilizado, sino una expresión orgánica de este último.

El ejemplo de Leo Sammer es quizá el más paradigmático en relación a lo anterior, tanto por lo que connota en la misma novela como en relación a cómo ha sido estudiado el Holocausto en el siglo XX. Leo Sammer, como ya varios críticos han identificado, corresponde a la figura del burocrático que acata órdenes relacionado con lo que Hannah Arendt ha famosamente denominado como la banalidad del mal[15]. Sammer, recordemos, es un funcionario estatal en un pueblo polaco que recibe por error un grupo de judíos, del cual recibe la orden de "deshacerse". Éste, para empezar, pone en primer lugar el funcionamiento *normal* de su aparato burocrático por sobre las vidas de los judíos, los cuales, a través de todo su relato, son más bien representados como "cosas" en vez de seres humanos. Fundamental para esto último es el relato en primera persona de Sammer, el cual nunca permite un acercamiento a los judíos como individuos en sí. Por ejemplo: "¿Cómo vamos a devolverlos? —dije—. ¿Tengo acaso un tren a mi disposición? ¿Y en caso de tenerlo: no debería ocuparlo en algo más productivo?" (Bolaño 2004a, 945). La existencia y funcionamiento del sistema burocrático capitalista, en este sentido, deviene más trascendental que la propia vida humana.

Cabe destacar que Sammer no es un individuo que podamos concebir como alguien maligno; por el contrario, destaca por su banalidad. En sus propias palabras:

> Fui un administrador justo. Hice cosas buenas, guiado por mi carácter, y cosas malas, obligado por el azar de la guerra (…). Otro en mi lugar (…) hubiera matado con sus propias manos a todos los judíos. Yo no lo hice. No está en mi carácter. (Bolaño 2004a, 959)

Vale la pena detenerse en la mención reiterada del *carácter* que Leo Sammer hace sobre sí mismo, pues en el fondo éste último se considera un buen tipo, alguien pacífico, sin odios racistas ni animosidad alguna. Y en este sentido, *tiene razón*. Nunca, en todo su relato de primera persona, presentimos diatribas racistas o bien deseos bélicos de hacer correr la sangre. Leo Sammer, bajo estos parámetros, no es más que un tipo corriente, preocupado del normal funcionamiento de su localidad y de la estabilidad de su propio cargo público. Pero lo que Bolaño nos dice aquí es que la barbarie bien puede estar perfectamente presente en lo que consideramos "normal". Es, en definitiva, la des-sublimación del mal. No es necesario ser Hitler para perpetrar el horror, ni ser tampoco calzar con el perfil del psicópata que Kessler busca en Santa Teresa. La violencia y la barbarie están arraigadas en nuestra cotidianidad y esta misma trivialidad las convierte en categorías *banales*. Los que las perpetran, consecuentemente, son seres vulgares. Para Archimboldi, no hay que fiarse de las "buenas personas" puesto que la mayoría de ellas "son criminales de guerra que [merecen] ser colgados en la vía pública" (Bolaño 2004a, 968).

Esto, por supuesto, haya su eco inmediato en la tragedia de Santa Teresa, sobre todo en lo que respecta a sus asesinos. Un pasaje en particular nos sirve significativamente: la visita de Sergio González Rodríguez a la vidente de Santa Teresa, Florita Almada. El periodista mexicano, más por curiosidad que por otra cosa, consigue una entrevista con la famosa vidente local, quien dice tener visiones sobre los asesinatos y los asesinos en cuestión. Cuando Sergio le pregunta sobre la naturaleza de los últimos, Florita expresa que tienen rostros "comunes y corrientes", y que ellos mismos no se consideran personas "enfermas", sino, más bien, todo lo contrario: personas cuerdas, sanas (Bolaño 2004a, 714). En otras palabras, la primera impresión que se nos presenta sobre los asesinos es que éstos no son algo fuera de lo común, o extravagantemente dementes, o irrevocablemente malignos. Los asesinos son, o al menos parecerían ser, gente normal. Dicha visión vulgar también se condice con los asesinos de Harry Magaña, quienes, como ya he mencionado, parecen ser simples trabajadores de maquilas, obligados a hacer el trabajo pesado: obreros de la barbarie, si así puede llamárseles. En resumidas cuentas, no es que todos los agentes del "mal" sean emblemas de un mal sublime; más bien, por el contrario, muchas veces no pasan de ser individuos espectacularmente no espectaculares, gente sin muchas pretensiones, que sin ningún asomo de duda no cuestionarían definirse como "buenas personas", como el mismo Sammer repite majaderamente en un vano intento por excusarse.

¿A qué se quiere llegar con todo esto? A la noción de *normalidad*. Sammer es, como ya se ha dicho, un burócrata, y el cumplimiento de órdenes termina, finalmente, por acallar cualquier ética que pudiese haberle prevenido de perpetuar la masacre de los judíos en su pueblo. Nos encontramos frente una noción de normalidad que termina por *naturalizar* la barbarie, por arraigar la violencia en un paisaje y hacerla constitutiva de este último. El resultado es que nadie percibe la violencia y el horror como cuestiones necesariamente escandalosas, ni tampoco a sus perpetuadores como gente que podríamos calificar como particularmente perversa. Es gente "normal" actuando dentro de códigos sociales que han sido aceptados consensualmente por una comunidad. En palabras de Lainck, la normalidad en *2666* es en consecuencia la "total invisibilidad sistémica del mal" (2014, 166).

Esta manera de interpretar el mal —desublimándolo, despojándolo de su espectacularidad— es también la razón por la cual Bolaño no distingue entre los crímenes "cotidianos" de Santa Teresa y aquellos que obviamente responden a una especie de crimen organizado. Casos como el de Juan Aparicio Pérez, quien asesina a su esposa, están puestos al mismo nivel de aquellos asesinatos que tienen la huella del trabajo sucio de narcotraficantes o bien la organización de películas *snuff*:

> El quince de enero apareció la siguiente muerta. Se trataba de Claudia Pérez Millán. El cuerpo fue encontrado en la calle Sahuaritos. La occisa vestía un suéter negro y tenía dos anillos de bisutería en cada mano, además de la argolla de compromiso (…). Claudia Pérez Millán tenía treintaiún años y vivía con su esposo y sus dos hijos en la calle Marquesas, no lejos de donde fue encontrado el cadáver (…). En una de las habitaciones de la casa, encerrados con llave, fueron encontrados los menores de edad Juan Aparicio Pérez y su hermano Frank Aparicio Pérez (…). Interrogados los menores en presencia de un psicólogo infantil, ambos admitieron que había sido su padre, Juan Aparicio Regla, quien los había encerrado la noche anterior (…). Se cursó una orden inmediata de busca y captura, pero los que sabían estaban seguros de que [a Juan Aparicio Regla] nunca más se le volvería a ver por la ciudad. (Bolaño 2004a, 563-564)

El discurso neutro que hemos caracterizado previamente se usa aquí para describir un crimen intrafamiliar, en donde la huella de las industrias *snuff* o de narcotráfico pareciesen estar muy lejos. Nosotros como lectores, no obstante, no presenciamos una afectividad distinta, ni tampoco la estructura del relato (fecha de hallazgo del cadáver, detalles forenses en relación a su cuerpo, circunstancias en la que se la vio por última vez, etc.) cambia significativamente. Lo que tenemos aquí, en consecuencia, es una conexión entre lo aparentemente disímil (el crimen cotidiano, vulgarmente denominado como "pasional") con aquellos crímenes que están más explícitamente ligados con las causas más "espectaculares" de la violencia gracias a, por así llamarlo, su revestimiento estético. Donoso Macaya caracteriza esta estrategia —la repetición de una estructura similar para enmarcar violencias en apariencia distintas— de la siguiente forma:

> La repetición como gesto des-automatiza la percepción ya que en *2666* conecta lo heterogéneo y lo diferente. La ficción aquí es tramada a partir de la repetición de aquello que permanecía inconexo (crímenes diferentes, cuerpos diferentes), de aquello que no guardaba ninguna relación hasta el momento presente, esto es, el momento de la ficción que inaugura *2666*. De este modo, además, la novela de Bolaño enuncia un desacuerdo estético: la repetición es planteada como un modo de ordenamiento de signos y elementos distintos. (2009, 138)

Esto, sigue Donoso Macaya, no sólo es exclusivo de «La parte de los crímenes», sino de *2666* a nivel general. El paralelismo y coexistencia dentro de una unidad narrativa como *2666*, consecuentemente, fuerza al lector a ver los puntos en común (*la serie discursiva* de Molloy a la cual ya me he referido)[16]. Pues tal como se ha intentado argumentar aquí, la violencia y la barbarie que aparecen una y otra vez a lo largo de toda la novela es una sola. La dinámica barbárica siempre es la misma: la violencia (re)aparece conviviendo junto a un discurso —o bien, un espacio— que quiere (o finge) representar su contrario: el espectro de la utopía, la idea de una humanidad emancipada, la concepción de una sociedad perfecta. Lo fue así para la Alemania nazi, con la ideología de una raza irrevocablemente superior, y su eficiencia racional y burocrática para ocasionar el Holocausto; y lo es ahora en Santa Teresa, ciudad modelo del neoliberalismo, espacio donde todo concepto comunitario ha dado paso al individualismo más exacerbado y al desencadenamiento de las atrocidades más terribles.

Es extraño que Donoso Macaya, contradiciendo su propia argumentación, termine por desechar cualquier idea de totalidad presente en *2666* ante la ausencia de cualquier intento de síntesis o conclusión en la novela misma (Donoso Macaya 2009, 133). No es necesario que el narrador explicite lo que nosotros, como lectores, podemos deducir a partir de un proceso inductivo, sobre todo cuando vemos un patrón similar en todas las manifestaciones de la barbarie en la novela. Este patrón, en definitiva, podría sintetizarse esencialmente por medio de dos aristas: 1) primero, la creencia de los agentes de la barbarie que lo que se hace no es en modo alguno malvado u horrendo, sino justificable debido a una cosmovisión determinada que, en la mayoría de las veces, paradójicamente apunta hacia una idea utópica de la sociedad humana; 2) y, en segundo lugar (y en directa consecuencia con el primer patrón) es mostrar la cotidianidad de la barbarie, su desconexión con una especie de "mal absoluto", sino, más bien, su espantosa normalidad, su origen *similar* independiente de la escala de la barbarie. Tanto el esposo celoso citado previamente como Leo Sammer dirán que fueron hombres que se encontraron en el lugar y el tiempo equivocados, víctima de las circunstancias. Ambos, probablemente, tampoco eran considerados por el resto como gente innegablemente "mala", ni tampoco necesariamente loca. No obstante, el resultado de sus acciones es el mismo, sólo que a escalas distintas: una esposa muerta en el caso del primero, cientos de judíos muertos en el segundo. Siguiendo el raciocinio de Dunia Gras, en *2666* presenciamos la barbarie de manera similar a la teoría de la fractalidad de Benoit Mandelbrot, en la cual se manifiesta

> una propiedad exhibida por aquellos sistemas cuyas estructuras permanecen constantes al variar la escala de observación; en otras palabras: cuando las partes, por pequeñas que éstas sean, se parecen al todo. (2005, 65)

El caso particular, en *2666,* siempre hace referencia a la barbarie como fenómeno extensivo a lo largo de la novela: de manera similar a la teoría de las correspondencias de los simbolistas, cada caso específico de asesinato en Santa Teresa *rima* con los fenómenos de genocidio globales, ya sean éstos el Holocausto, o bien el comercio de esclavos, o la Segunda Guerra Mundial. Lo celular como expresión en potencia de la totalidad.

En definitiva, la construcción de *2666* y su extensión van haciéndose más claras a medida que nos internamos en ella. Pues no es simplemente un *derroche* de historias aparentemente inconexas, ni tampoco una especie de fluir de la consciencia que Bolaño ató pocos meses antes de morir. Bolaño buscaba retratar la dinámica de la barbarie antes descrita a todas las escalas posibles: sin dejar de lado la particularidad de los casos específicos, pero buscando una representación lo suficientemente amplia para que nosotros, como lectores, pudiésemos descubrir un patrón que recorre toda la novela y, a fin de cuentas, encuadra todo lo que sucede dentro de una totalidad abierta que no necesita explicitar todas las respuestas. En palabras de Hermann Herlinghaus:

> It must observed that in contrast with other critics' thoughts about Bolaño's alleged 'fatalism', the character of his disenchanted, laconic telling of bits and pieces of a picture that apparently lack "sense", accompanied by the confusion of genres —literary fiction/police reports/ press coverage— is not a giving up of the search for truth. It is a sober way of approximating actions and meanings that have moved beyond modern society's explanatory system. (2013, 210)

En otras palabras, una disección de la barbarie contemporánea, sin dejarse atrapar por los metarrelatos que buscan normalizarla o bien ocultarla: por el contrario, un señalamiento de aquellos discursos utópicos como parte integral de la violencia misma.

3.1.8. *Klaus Haas*

Ahora bien, a pesar de lo dicho, y si bien la estructura y narración de la novela hacen posible una interpretación que le otorgue a la barbarie y la utopía un carácter unitario sin agregado alguno, Bolaño va un paso más allá y decide presentarnos un personaje que condensa la paradoja entre pensamiento utópico y barbarie de manera explícita. Este personaje es Klaus Haas.

Klaus es el sobrino de Archimboldi. Pendenciero y conflictivo desde adolescente, una vez que alcanza edad suficiente decide mudarse desde Alemania a los Estados Unidos para probar suerte. Lotte, su madre, pierde contacto con él luego de un par de breves y concisas postales. Años después volverá a tener noticias de su persona, aunque no de la mejor forma: Klaus se encuentra encarcelado en la cárcel de Santa Teresa y es el principal sospechoso del asesinato de decenas de mujeres.

Si bien es evidente que la figura de Klaus sirve como chivo expiatorio para las autoridades mexicanas (principalmente debido al hecho que los asesinatos *siguen* ocurriendo después de su encarcelamiento, ni tampoco su culpabilidad está clara en el principal asesinato que se le imputa), el alemán sirve como *punto de confluencia* entre la barbarie mexicana y aquella relacionada al nazismo que aparecerá posteriormente en «La parte de Archimboldi».

Al igual que la inserción de Sergio González Rodríguez como personaje o el cambio de nombre de Ciudad Juárez a Santa Teresa, qué es lo que Bolaño decide utilizar de lo real concreto y qué es lo que es plenamente creación suya es particularmente útil para aproximarnos a Haas. En la vida real, Abdul Latif Sharif Sharif es el nombre del ciudadano egipcio que fue encarcelado por ser el principal sospechoso de los asesinatos de Ciudad Juárez. Bolaño decide *conscientemente*, por tanto, cambiar la nacionalidad egipcia por la alemana e inventar un nuevo personaje que esté directamente relacionado con Archimboldi y la cultura europea. ¿Pero por qué?

Veamos con detención los rasgos de Haas. De partida, es alguien arrogante, creyente de ser poseedor de una cultura superior a la mexicana. Su racismo así lo devela: "tampoco respetaba a los mexicanos, a quienes llamaba indios o grasientos". Según su raciocinio, asimismo, los mexicanos, al igual que los negros, no se bañan, y despiden "un olor particular" (Bolaño 2004a, 603). Sumado a esto, cuando se lo interroga y se lo imputa de los asesinatos, actúa como si la acusación contra él estuviese fuera de toda concepción racional: "tenía una cara, pensó Epifanio, rara, no sé, como escandalizado. *Moralmente* escandalizado" (Bolaño 2004a, 604; cursivas en el original). Haas se cree dueño de una moral superior y todo lo que sucede a su alrededor, según su perspectiva, es dominio de lo salvaje. No obstante, el desarrollo de la novela pronto dejará claro que existe en Klaus, al igual que los críticos europeos que visitan Santa Teresa, una contradicción profunda entre su credo de moralidad superior, si así puede llamársele, y praxis. Una vez ya dentro de la cárcel, por ejemplo, un tipo apodado "el Anillo" intenta violarle en la ducha. La situación es rápidamente dada vuelta y es Klaus quien se vuelve el abusador:

> Haas lo miró a la cara y le preguntó cómo era posible que un adulto se comportara así (…). Haas le arrebató el punzón al Guajolote y le dijo al Anillo que se pusiera a cuatro patas (…). Disciplina, chingados, sólo pido un poco de disciplina y respeto, dijo Haas (…). Luego se arrodilló detrás del Anillo, le susurró a éste que se abriera bien de piernas, y le introdujo lentamente el punzón hasta el mango. (Bolaño 2004a, 606-607)[17]

La actitud de Haas, quien hasta el momento daba pie al beneficio de la duda en relación a los asesinatos (a pesar de su arrogancia y racismo), repentinamente queda al descubierto por lo que realmente es. Significativa es la mención de la *disciplina* y el *respeto* antes de proceder a enterrar un punzón en el ano de El Anillo: en nombre de dos conceptos tradicionalmente vistos del lado racional de la conducta humana, Haas comete una atrocidad sin pensarlo dos veces. Es, al fin y al cabo, una acción muy similar a la golpiza que los críticos le propinan al taxista paquistaní mientras vociferan su apoyo a las feministas de Nueva York y París: la proyección de un discurso que tiene en su germen la idea de una humanidad emancipada y armoniosa y que esconde —y en teoría, *justifica*— la perpetración de actos horrendos y barbáricos en nuestra realidad concreta.

Si hilamos más fino, podemos ver en Haas, asimismo, una crítica del discurso del *self-made man* tan típico de la cultura neoliberal. Un párrafo después de que hemos leído cómo Haas procede a abusar del Anillo, se describe su cotidianidad en el precinto carcelario, donde expone su modo de ver la vida con sus compañeros:

> Otras veces era Haas el que hablaba y sus tres amigos escuchaban sumidos en un silencio conmovedor. Haas hablaba de contención, de autoesfuerzo, de autoayuda, el destino de los individuos está en manos de cada individuo, un hombre podía llegar a ser Lee Giacoca si se lo proponía. Ellos no tenían idea de quién era Lee Giacoca. Suponían que se trataba de un jefe de la mafia. Pero no preguntaban nada por temor a que Haas perdiera el hilo. (Bolaño 2004a, 607)

La mención a Lee Giacoca, no es difícil deducir, se refiere a Lee Iacocca, exitoso empresario ligado a la industria automovilística y también autor de un par de exitosos libros que discuten su vida y su ética de negocios. Lee Giacoca representa, según Haas, el epítome de lo que un individuo puede llegar a ser en una cultura capitalista: millonario, exitoso, respetado; todos logros, supuestamente, adquiridos por el mero esfuerzo individual. Los rasgos del *self-made man* también quedan al descubierto cuando Haas habla sobre lo que un individuo debería ser: sus menciones relativas al destino singular y la autodependencia constante así lo demuestran. Lo que encontramos aquí, por tanto, es nuevamente un enjuiciamiento a la utopía neoliberal: pues Haas, poseedor de una cosmovisión individualista y materialista, es también *simbólicamente* culpable de la muerte de los asesinatos de mujeres en Santa Teresa.

Volviendo otra vez a la idea de "libertad malentendida", y sumada al epígrafe de la novela ("un oasis de horror en medio de un desierto de aburrimiento"), es posible deducir que la barbarie que presenciamos en Santa Teresa está asociada, según Bolaño, con un vago sentimiento de *ocio*[18]. La ideología capitalista contemporánea siempre ha tenido en su foco la idea de *libertad* en el discurso popular: consecuentemente, Bolaño nos muestra cómo la figura del hombre acomodado y poderoso, en el siglo XXI, la entiende como algo sin límites, pues siente que las regulaciones sociales no le aplican. Esta (mal)tergiversación del concepto de libertad, sumado a cierto *aburrimiento* existencial ligado al absurdo de una vida marcada puramente por la búsqueda del consumo constante, nos llevan, dice Bolaño, a un territorio sumamente peligroso. En este sentido, las muertes de Santa Teresa responden a un híbrido entre mercado y ocio: mercado, en relación a la ya mentada cosificación de los cuerpos de las víctimas; y ocio, en el sentido en que los actos de violar y matar mujeres se convierten en un pasatiempo regular de los privilegiados —pasatiempo, como bien insinúa el propio Bolaño, destinado (paradójicamente) a adormecer la falta de sentido causada por la misma ideología de consumo-. En palabras de Chucho Flores: "los jodidos asesinatos son como una huelga, amigo, una jodida huelga salvaje" (Bolaño 2004a, 362).

Pero volvamos a Haas. Si bien es cierto que su complicidad en los asesinatos es algo que nunca puede ser comprobado, es, como se mencionaba antes, el culpable simbólico de toda la barbarie subyacente en *2666*. *Heredero* (literal y metafóricamente) de una generación que utilizó la lógica y la razón para el exterminio masivo de la raza judía, es ahora representante de la reactualización de aquel discurso civilizado desde el cual se cometen atrocidades, hoy expresado en la utopía neoliberal; en este sentido, Haas puede bien no ser el culpable *literal* de las muertes de Santa Teresa, pero *2666* lo condena al ser la encarnación de la última reactualización de la dialéctica utopía-barbarie antes mentada. En palabras de Sergio González Rodríguez en relación a Haas: "Sergio pensó que, aunque él no fuera el culpable de las últimas muertes, seguro que era culpable de *algo*" (Bolaño 2004a, 701; cursivas en el original). Siempre cabe la posibilidad de que Klaus efectivamente pueda ser "inocente" en un plano terrenal; en términos conceptuales, no obstante, Bolaño le sentencia al ser la síntesis del doble estándar de la cultura occidental.

Concretamente, la paradoja andante que simboliza Klaus halla su síntesis mediante una imagen fuertemente alegórica, si bien algo extraña: Epifanio, judicial de Santa Teresa, quien sospecha que Haas es el responsable de la desaparición de una muchacha llamada Estrella Ruiz, irrumpe una noche en una de las dos tiendas de ordenadores de las cuales Klaus es propietario. La tienda, pronto descubrirá, es más grande de lo esperado, y contiene numerosas habitaciones. Sin embargo, la descripción de los dos baños de dicha tienda es lo que más fuertemente llama la atención:

Había dos baños. Uno muy aseado, con jabón, papel higiénico y el suelo limpio. Junto a la taza del wáter había un escobillón que Haas obligaba a usar a sus empleados, acostumbrados tan sólo a tirar de la cadena. El otro baño estaba tan sucio que más que abandonado, aunque tenía agua y la cadena del wáter estaba intacta, parecía puesto allí a propósito para ilustrar un fenómeno asimétrico e incomprensible. (Bolaño 2004a, 599)

La coexistencia de los dos baños, uno limpio y otro inmundo, es, al fin y al cabo, un vistazo a la propia psiquis de Haas y todo lo que él representa: la doble cara de una norma social rígida (e impuesta a sus trabajadores) y la existencia de su reverso inmundo. Imposible no pensar en un paralelo con el sótano de María Canales en *Nocturno de Chile*[19]. La inserción de este verídico y fatídico episodio en dicha novela ha sido interpretado, en líneas generales, como un símbolo de "la complicidad de la literatura, de la cultura letrada, con el horror latinoamericano" (Paz Soldán 2008, 15): tertulias literarias en el primer piso, torturas en el subterráneo (imagen que, si la pensamos bien, no dista mucho de la absurda tertulia que ocurre en el castillo de Rumania, en «La parte de Archimboldi»). El mismo binarismo se encuentra presente en los baños de Klaus (aunque no ausente de cierta dosis de humor). Bolaño, asiduo a la presentación de esferas conceptuales que contienen en ellas mismas su reverso, pareciese llevar su conocida operatoria hasta los límites del absurdo, casi hasta el nivel de la auto-parodia (el baño sucio "parecía puesto allí a propósito"). No obstante, el simbolismo y el dualismo que Haas representa están presentes: la dicotomía extrema entre lo limpio y lo sucio en un mismo recinto, objetos de un mismo dueño. Podemos imaginar a Haas exigiendo a sus empleados mantener un baño limpio basándose en conceptos tales como la disciplina, el rigor y la constancia, y sin embargo permitiendo la suciedad en el segundo en un ámbito privado y personal. A pesar de todo (y quizá de ahí provenga el por qué el pasaje no deja de tener gracia), un baño, a fin y al cabo, no deja de ser un baño. Es decir, por más perfumado y limpio que esté un baño en comparación a otro, no quita que al final ambos estén diseñados para justamente ser el repositorio de nuestras feces y nuestra orina —lo más visceral y comúnmente repugnante de nuestra materialidad-. Bolaño, burlonamente, nos parece decir que por más que uno intente esconder nuestros desechos con falsas pretensiones y discursos, ésta, a fin de cuentas, nunca puede ocultar su propia condición de excremento.

3.1.9. *La ceremonia encubre una violación*

Refirámonos brevemente a la lectura de Amalfitano sobre Kilapán en «La parte de Amalfitano». En uno de los cuantos pasajes, el profesor chileno lee cómo Ambrosio O'Higgins, padre de Bernardo O'Higgins y Gobernador de Chile en tiempos de la Colonia, se casa con una mapuche, siguiendo todos sus rituales indígenas. Amalfitano reflexiona sobre la absurdidad del pretendido hecho y también sobre los probables motivos implícitos del gobernador por acceder a casarse de esta forma:

> Ambrosio O'Higgins como irlandés sin duda era un buen chiste. Ambrosio O'Higgins casándose con una araucana, pero bajo la legislación del admapu y encima rematándolo con *el tradicional gapitún* o ceremonia del rapto, le parecía una broma macabra que sólo remitía a un abuso, a una violación, a una burla extra usada por el gordezuelo Ambrosio para cogerse tranquilo a la india. (Bolaño 2004a, 277; cursivas en el original)

Enseguida, agrega: "No puedo pensar en nada sin que la palabra violación asome sus ojitos de mamífero indefenso" (Bolaño 2004a, 277).

El análisis que Amalfitano hace del anterior pasaje es significativo, pues concibe la ceremonia como un acto que en última instancia está diseñado para esconder una violencia profunda —en cierto modo, para apaciguarla, para normalizarla-. Es equiparable, en este sentido, a la famosa y ya citada tesis de la historia de Walter Benjamin: "No hay documento de la civilización que no sea al mismo tiempo un documento de la barbarie" (1968, 256). Este es el espíritu que hemos intentado retratar a lo largo de toda esta sección cuando me refiero a la dialéctica utopía-barbarie. Dentro de la primera categoría, concebida como la concepción de un proyecto o sistema ideado para la erección de una comunidad armónica y sin conflictos, caben muchos discursos; lo que Bolaño hace, no obstante, es retratar los intentos de la materialización histórica de la utopía como portadores de un necesario uso de la violencia y eventualmente como tergiversadores de sus propios principios.

Ahora bien, cabe preguntarse si dicha dialéctica representada en *2666* corresponde con un fatalismo histórico o un nihilismo desolador con respecto a nuestro pasado, presente y futuro. No creo que este sea el caso. Pues la locura, el arte y la épica surgen como espectros conceptuales que, si bien llenos de paradojas internas, suponen una particular respuesta ética con respecto al horror y al absurdo de nuestra historia. Me explayaré en esto en la próxima sección.

3.2. *Sobre la locura, el arte y la épica*

> Y la voz: sí, en efecto, es duro admitirlo, quiero decir es duro que tener que admitirlo ante ti pero es la puritita verdad. ¿La ética nos traiciona? ¿El sentido del deber nos traiciona? ¿La honestidad nos traiciona? ¿La curiosidad nos traiciona? ¿El amor nos traiciona? Pues sí, dijo la voz, todo, todo nos traiciona, o te traiciona a ti, que es otra cosa pero que para el caso es lo mismo, menos la calma, sólo la calma no nos traiciona, lo que tampoco, permíteme que te lo reconozca, es ninguna garantía. No, dijo Amalfitano, el valor no nos traiciona jamás. Y el amor a los hijos tampoco. ¿Ah, no? Dijo la voz. No, dijo Amalfitano, sintiéndose de pronto en calma.
>
> Roberto Bolaño

Vale la pena recordar que el contexto en que se escribió *2666* fue particularmente gris: la tesis del fin de la historia parecía ser lo predominante en términos de cosmovisión hegemónica a escala global. Considerando que el propio Bolaño se consideraba un sobreviviente de aquella generación que fue parte de los grandes proyectos de cambio social de los años sesenta, no hay sorpresa alguna al encontrarnos en su narrativa con un mundo marcado por el eterno retorno de la barbarie y la derrota —reflejo del fracaso revolucionario de su propia generación. En términos cognitivos, consecuentemente, nunca ha habido en su literatura una solución triunfante frente al problema de lo absurdo y barbárico inherentes a la naturaleza humana. No obstante, Bolaño no propone el nihilismo y el cinismo como los únicos modos existenciales legítimos frente a un desolador presente, sino que también se aferra fuertemente a un set de valores que representan para él un modo de resistencia. La resistencia, sin embargo, no lo es todo. En el vasto mundo de *2666* también encuentran cabida la complicidad, la desolación y la demencia como respuestas ante el sinsentido. Analizaré esta gama de respuestas éticas a continuación.

3.2.1. Amalfitano

El espectro de la locura en *2666* es complejo. Representa, a veces, la derrota más profunda del individuo en relación al absurdo contemporáneo; en otras, los personajes que la encarnan se acercan a la figura de locos profetas, irrevocablemente dementes, pero también extremadamente lúcidos en relación a nuestro statu quo. La épica, a su vez, se encuentra peligrosamente cerca de la demencia, muchas veces haciéndose su distinción borrosa de la misma forma en que utopía y barbarie se entrecruzan en los espacios bolañanos. Para analizar todas estas aristas, tomaremos ciertos personajes claves y lo que respectivamente ellos representan.

Iniciemos con la figura de Amalfitano, profesor chileno de literatura residente en Santa Teresa. Para empezar a comprender su figura, debemos primero tener un atisbo de su pasado. Si bien este último nunca es develado por completo, podemos reconstruirlo mediante pequeñas "pistas" que se nos van entregando tanto en «La parte de Amalfitano» como en «La parte de los críticos». Por ejemplo, en la última se nos informa que fue exiliado de Chile por razones políticas: "cuando los críticos (...) le preguntaron qué hacía él en Argentina en el año 1974, Amalfitano (...) dijo, como si lo hubiera repetido muchas veces, que en 1974 él estaba en Argentina por el golpe de Estado en Chile, el cual le obligó a emprender el camino del exilio" (Bolaño 2004a, 157). Considerando que poco tiempo después se muda a España, podemos intuir que la razón de su inmigración europea también corresponde a motivos políticos debido al golpe de estado argentino en el año 1976[20]. Amalfitano, por tanto, es un exiliado "emblemático": su figura no sólo hace referencia al proceso dictatorial de un país, sino que deviene un símbolo del exiliado latinoamericano.

En segundo lugar, Amalfitano es un padre soltero —más específicamente, un viudo. La historia de Lola, su otrora esposa, la cual se nos narra al principio de «La parte de Amalfitano» a modo de *racconto*, está marcada desde un principio por la locura y la tragedia. Aún cuando la pareja vivía en Barcelona (y cuando Rosa, su hija, era aún un bebé de apenas dos años), Lola abandona a Amalfitano para "visitar a su poeta favorito, que vivía en el manicomio de Mondragón" (Bolaño 2004a, 213). Amalfitano recibirá noticias de Lola a través de sus cartas, en donde ella misma le relatará su viaje hacia el manicomio, su fugaz encuentro con el poeta (donde este último no dice casi ninguna palabra) y su posterior vagabundeo y miseria en Francia, donde terminará encontrando un trabajo como aseadora. Eventualmente, Lola regresará a casa después de años, ocasión en que le dirá a Amalfitano que tiene sida y que ha venido a despedirse, cosa que efectivamente hará antes de perderse para siempre.

La figura de Lola, de partida, se presenta como altamente inestable. Su viaje para encontrar al poeta está motivado por el recuerdo de una noche en que ella y el poeta se conocieron e hicieron "el amor toda la noche", años antes de conocer a Amalfitano. Sin embargo, el profesor chileno "sabía que no era verdad, no sólo porque el poeta era homosexual, sino porque la primera noticia que tuvo Lola de su existencia se la debía a él, que le había regalado uno de sus libros" (Bolaño 2004a, 213). El posterior relato epistolar de Lola, en consecuencia, está teñido bajo la incertidumbre: pues la credibilidad de la mujer de Amalfitano, al quedar fracturada desde sus inicios, impide un pacto de lectura sólido con el lector. A esto, cabe destacar, hay que agregar la excesiva idealización del poeta por parte de Lola, su abandono de la familia y sus contradicciones cada vez más frecuentes, las cuales, eventualmente, harán que se la perciba como una persona profundamente *loca* (locura, dicho sea de paso, no sólo perceptible a nosotros como lectores a través de su relato, sino por el propio Amalfitano y los personajes con los cuales Lola interactúa)[21].

La demencia de Lola, ahora bien, puede leerse como una búsqueda desesperada por el ideal encarnado en la figura del poeta —una persecución de lo imperecedero, un escape de su realidad gris. El poeta, en este sentido, vendría a representar el ingreso hacia una realidad supraterrenal, el acceso a una consciencia omnisciente, hacia el sentido total. No obstante, la narración del encuentro con el poeta es sumamente irónica, en cuanto este último se limita a pedir cigarrillos y dar alguna orden ocasional (por ejemplo, que le reciten un poema) sin decir, al fin y al cabo, nada en particular. Actuando como contraste con la excesiva idealización que los críticos erigen en torno a Archimboldi en la primera Parte, aquí el encuentro con el escritor efectivamente *sucede,* pero carente de toda trascendencia y significado. La cruzada de Lola, en definitiva, demuestra no tener sentido y se pierde en el vacío.

3.2.2. *El descenso a la locura*

"La locura es contagiosa", pensará alguna vez Amalfitano, sin pensar entonces que sus palabras serían una premonición de su propio descenso a la demencia (Bolaño 2004a, 228). Pues la pérdida de su esposa, su historia personal marcada por la derrota y la situación actual de Santa Teresa ocasionarán que el peso del pasado y el sinsentido del presente terminen por degradarlo por completo y convertirlo en un loco a él mismo.

El presente de Amalfitano, de partida, es particularmente desolador. Al contrario de un Arturo Belano o Ulises Lima, por ejemplo, en el sentido que estos últimos sufren derrota tras derrota pero nunca pierden un espíritu contestatario, Amalfitano es alguien que simplemente no logra otorgarle sentido a su existencia, en cuanto pareciese que sus sucesivas pérdidas han calado hondo en su ser.

El inicio de su sección, por ejemplo, es un breve párrafo en el cual cuestiona su estadía en Santa Teresa, dudas que volverán a repetirse más adelante en su relato:

> ¿Qué me impulsó a venir aquí? ¿Por qué traje a mi hija a esta ciudad maldita? ¿Por qué era uno de los pocos agujeros del mundo que me faltaba por conocer? ¿Por qué lo que deseo, en el fondo, es morirme? (Bolaño 2004a, 252)

La descripción de la vida de Amalfitano, a su vez, es ampliamente significativa en relación a su monotonía y aburrimiento:

> Tenía una casita de una sola planta, tres habitaciones, un baño completo más un aseo, cocina americana (...). Tenía libros que conservaba hace más de veinticinco años y que no le importaba prestar o perder o que se los robaran (...). Tenía tiempo (eso creía) para dedicarlo al cultivo de un jardín. Tenía una verja de madera que necesitaba una mano de pintura. Tenía un sueldo mensual. (Bolaño 2004a, 211)

Amalfitano vive una existencia gris, monótona, alejada de cualquier tipo de ambición o motivación. Es en este contexto en el que la locura de Amalfitano, repentinamente, germinará.

Una noche, antes de dormirse, Amalfitano escucha una voz que le saluda y le pide mantener la calma (Bolaño 2004a, 258). Lógicamente, el profesor chileno se asusta, revisa su casa entera por si hay algún intruso y mantiene un cuchillo en la mano. Ante la desaparición de la voz logrará eventualmente conciliar el sueño. La noche posterior, no obstante, la voz regresará y le suplicará que por favor esta vez se comporte "como un hombre y no como un maricón" (Bolaño 2004a, 266). Será el inicio de una serie de conversaciones que Amalfitano parecerá tener con la nada —tertulias en donde su pánico y miedo inicial darán paso, progresivamente, a la aceptación e incluso bienvenida del fenómeno que experimenta.

La voz, cabe destacar, hace especial énfasis en *la calma*, en lo que es una primera invitación a la aceptación de una nueva realidad:

Todo está en la calma, dijo la voz. No hay beligerancia entre tú y yo, el dolor de cabeza, si lo tienes, el zumbido de los oídos, el pulso acelerado, la taquicardia, pronto se irán, dijo la voz. Te calmarás, pensarás y te calmarás, dijo la voz, mientras haces algo de utilidad para tu hija y para ti (…). Todo está muy bien, decía la voz. Todo es cuestión de que te vayas acostumbrando. Sin gritar. Sin ponerse a sudar y dar saltos. (Bolaño 2004a, 269-270)

Presentándose inicialmente como su abuelo, aunque luego identificándose como su padre, las inconsistencias en el discurso de la voz harán, como el propio Amalfitano admite, difícil su identificación como una figura o la otra. La voz, más que representarse como una entidad definitiva, se convierte en consecuencia en un símbolo de una coherencia alterna que gana terreno frente a la racionalidad de la realidad concreta. Ante la fragmentación y pérdida de sentido presentes en la vida de Amalfitano, la posibilidad de otorgar *sentido* mediante el delirio se hace fuerte. Para ello, no obstante, es necesario la aceptación que viene con la calma, con el acallamiento de la racionalidad.

Esto último requiere mayor profundización. Aceptar la voz es, en última instancia, aceptar la pérdida de la lógica convencional y reemplazarla por una propia. Todo esto cumple además un propósito mayor: la fuga del dolor, el escape del trauma. Amalfitano no puede aceptar su realidad: es incapaz de asimilar su propia experiencia; los grandes metarrelatos que otorgaban sentido a su existencia se han resquebrajado —la política, el amor, la literatura: todo lo que queda son fragmentos. Frente a la devastación y el sinsentido, frente al trauma asociado a la pérdida y el dolor, la locura surge entonces como una respuesta compensatoria: una herramienta que permite el reajuste con la realidad a costo de la fractura de lo consensual. La realidad objetiva, en definitiva, da paso a una subjetiva.

El proceso, pese a que inicialmente es recibido con pánico, acabará siendo aceptado con entusiasmo por el propio Amalfitano. Al fin y al cabo, el abrazo hacia la locura finalmente *resolverá* las paradojas que la racionalidad convencional no puede, otorgándole a Amalfitano su tan buscada paz interior. En relación a lo último, Amalfitano piensa:

> [P]rimero pensó en la locura. En la posibilidad, alta, de que se estuviera volviendo loco. Se sorprendió al darse cuenta de que tal pensamiento (y tal posibilidad) *no menguaba en nada su entusiasmo. Ni su alegría* (…). Puede que me esté volviendo loco, *pero me siento bien,* se dijo. (Bolaño 2004a, 271; mis cursivas)

Un punto que considerar, entonces, es si el descenso a la demencia por parte de Amalfitano debería ser considerado algo positivo o negativo. Podría pensarse, a primera vista, que la locura le otorga al profesor chileno una solución efectiva a la pérdida progresiva de sentido y un alivio de las sucesivas derrotas (personales y políticas) que éste mismo ha sufrido. No creemos que este sea el caso: pues la salida de la locura, en última instancia, es altamente evasoria. Amalfitano ha resuelto el problema del sentido, es cierto, pero a costo de su marginalización con respecto a la comunidad. Así, la locura funciona como una "solución", al mismo tiempo que ilusoria por su carácter artificial, meramente individual, sin efecto en el grupo social como un todo. La demencia de Amalfitano, en última instancia, es una profunda derrota, una especie de eutanasia sedante, un acallamiento a la fuerza de lo barbárico en Santa Teresa y de su propio pasado a costa de la razón.

Si bien el destino de Amalfitano es marcadamente trágico visto desde esta óptica, hay un cierto sentido de lucidez en el profesor chileno que nunca se pierde: una actitud ética que rescata en la inmensidad del sinsentido. Nos referimos al pasaje que se ha citado en el epígrafe del presente capítulo, en donde la voz le dice que la calma es lo único que no nos traiciona y Amalfitano responde que no, que la valentía y el amor a los hijos tampoco lo hacen (Bolaño 2004a, 267). El amor a los hijos, por un lado, puede ser leído como un muy natural reflejo de la experiencia personal de Bolaño, en cuanto en repetidas ocasiones mencionó cómo sus hijos, en la etapa final de su vida, eran las personas más importantes para él[22]. El valor, por el otro lado, corresponde a una actitud épica centrada en el coraje, de lo cual se hablará en breve.

Finalmente, vale la pena destacar la presencia de Marco Antonio Guerra, hijo del decano de la Facultad de Filosofía de la Universidad de Santa Teresa. El "joven Guerra" tendrá una particular sincronía con el profesor chileno, en cuanto el primero reconoce en el segundo un reconocimiento del absurdo y la desolación que los rodea. En sus propias palabras:

> Yo a usted lo comprendo, le dijo Marco Antonio Guerra (...). Usted es como yo y yo soy como usted. No estamos a gusto. Vivimos en un ambiente que nos asfixia. Hacemos como que no pasa nada, pero sí pasa. ¿Qué pasa? Nos asfixiamos, carajo. Usted se desfoga como puede. Yo doy o me dejo dar madrizas". (Bolaño 2004a, 287-288)

Aparte de esta actitud explícitamente autodestructiva, no obstante, Marco Antonio Guerra señalará otra cosa que es rescatable: la literatura —o más específicamente, la poesía: "Sólo la poesía no está contaminada, sólo la poesía está fuera del negocio. No sé si me entiende, maestro. Sólo la poesía, y no toda, eso que quede claro, es alimento sano y no mierda" (Bolaño 2004a, 289). La poesía, entonces, como salvoconducto frente a lo absurdo.

El arte, empero, y como se detallará a continuación, no está exento de conflictos internos.

3.2.3. *Edwin Johns: Entre la locura y la barbarie*

Si bien hay cierto arte que es considerado como uno de los focos de iluminación y resistencia frente al absurdo y lo barbárico (aspecto que será profundizado cuando se hable de Archimboldi), éste, por sí solo, no es inocente, sino muchas veces cómplice con la institucionalidad hegemónica y la violencia de nuestro día a día. En otras palabras, y dicho de forma simple, el arte no es inherentemente "bueno". La figura de Edwin Johns, en este sentido, nos es vital para comprender esto último.

Edwin Johns es un pintor quien nos es presentado en «La parte de los críticos». En una primera instancia, se nos presentará como una figura conflictiva, ya que ésta lindará entre la del loco profeta y un necio. Será mencionado por primera vez por Liz Norton a Morini en una cena en un barrio londinense de moda. En dicha conversación, Norton le detalla al crítico italiano cómo la exhibición que hizo a Johns famoso tuvo por atracción principal la propia mano mutilada del artista como parte constitutiva de uno de sus cuadros (Bolaño 2004a, 76). Lo anterior, por supuesto, con plena conciencia del pintor inglés, quien habría efectuado la operación él mismo y conservado el miembro mutilado para incluirlo posteriormente en una de sus obras. La exhibición había sido un éxito rotundo y había disparado la carrera artística de Johns a niveles insospechados, convirtiéndolo en un artista de culto. El presente de Johns, no obstante, no era particularmente glamoroso: según Norton, en la actualidad se encontraba recluido en un manicomio en Suiza.

Morini, impresionado por la historia, viajará al manicomio en cuestión acompañado por Espinoza y Pelletier en vistas de tener una conversación con el pintor inglés. El diálogo entre Morini y Johns, entre otras cosas, tratará sobre la casualidad y el destino, categorías que el artista inglés, lúcidamente, considerará expresiones de "un Dios incomprensible con gestos incomprensibles dirigidos a sus criaturas incomprensibles" (Bolaño 2004a, 123). El clímax del diálogo, empero, sucederá cuando Morini le pregunte directamente a Johns por qué se cortó su propia mano. La respuesta, la cual no es dada en el pasaje, será posteriormente revelada en una conversación que Morini sostendrá con Norton:

>—Por dinero— dijo Morini.
>—¿Por dinero?
>—Porque creía en las inversiones, en el flujo de capital, quien no invierte no gana, esa clase de cosas.
>Norton puso cara de pensárselo dos veces y luego dijo: puede ser.
>—Lo hizo por dinero— dijo Morini. (Bolaño 2004a, 132)

El acto aparentemente demente de Johns da un vuelco: su automutilamiento no es más que una forma muy calculada de añadirle cierto peso aurático a su obra —uno que, en última instancia, eleva el precio monetario de sus pinturas a un precio astronómico. Esta acción, en palabras de Sharae Deckard, "parodies the logical extension of commodity fetishism that reifies the artist's creative labor and turns it into exchange value: a hand, a thing" (2012, 362). ¿Pero puede realmente verse como una parodia el acto de Johns?

Hemos hablado anteriormente de cómo los asesinatos de Santa Teresa no son una manifestación caótica del mal, sino una expresión orgánica —no obstante, deshumanizada— de la lógica mercantil asociada al neoliberalismo y al consumo desenfrenado. Se propone aquí entonces que la locura de Johns —si es que puede clasificársela como tal— es idéntica a aquella de los asesinos de Santa Teresa. En otras palabras: Johns, en primer lugar, reconoce el absurdo de la existencia que le rodea. La vida no tiene sentido, y si la tiene, está definitivamente fuera del alcance de la comprensión humana, tal como su perorata acerca de un Dios incomprensible dueño de gestos incomprensibles lo demuestra. Lo que queda, entonces, es un sentido dado, terrenal, que Johns meramente adopta de manera performática, sin necesariamente creer en él. Aquella visión, correspondientemente, es la ideología mercantil propia de nuestra contemporaneidad. El crimen de Johns, entonces, y si así puede llamársele, es comprender demasiado bien la dinámica social de nuestros días y abrazar su alienación por completo. Su automutilamiento —y antes de que se le declare oficialmente "loco"— tiene sentido —puramente racional, sin un ápice de emocionalidad—, pues al fin y al cabo eleva su obra a la categoría de arte respetable, arte sublime, arte que vende. Al igual que los asesinos de Santa Teresa, quienes ven a las mujeres como objetos comprables y desechables —una lógica, se entiende, inhumana pero lógica dentro de una cosmovisión mercantil llevada hacia su extremo— la acción de Johns también hace eco de la misma ideología hiperbolizada: se corta la mano, pues, para ingresar a la dinámica de "inversiones" que él lúcidamente puede ver, sin importarle las consecuencias físicas que dicha acción pueda tener en su cuerpo. En este sentido, su acto no es paródico, sino más bien profundamente analítico y observador: frío hasta perder contacto con lo terrenal, con lo netamente humano.

Una última reflexión en relación a Johns: Terry Eagleton, en su obra *On Evil*, expone cómo la sobrerracionalización de nuestra realidad concreta se identifica con lo que comúnmente conceptualizamos como "el mal". Citamos:

> Once reason comes unstuck from the senses, the effect on them both is catastrophic. Reason grows abstract and involuted, losing touch with creaturely life. As a result, it can come to regard that life as mere pointless matter to be manipulated. (Eagleton 2010, 73)

De la locura de Johns, entonces, a los asesinos de Santa Teresa, y de acuerdo a lo que acabo de exponer, no hay gran diferencia: comparten la misma operatoria de sobrerracionalización de la realidad, y consecuentemente, la misma esencia macabra.

3.2.4. *Ingeborg, o la locura como aliada del arte*

Si la locura de Johns significa una lucidez aguda en torno a la ideología de mercado, así como un abrazo a su alienación y a un acercamiento al terreno del mal, la demencia, en Bolaño, también tiene su reverso positivo, sobre todo cuando se la considera como parte de la misma sustancia desde donde nace la visión artística. Si bien dicha arista no podría calificarse netamente como "luminosa" (en oposición al mal previamente analizado), sí cuenta, como planeo demonstrar, con el beneplácito de Bolaño, en cuanto tanto artistas como locos poseen algo que el resto carece: el don y maldición de una dolorosa clarividencia con respecto a nuestra realidad concreta. Para hablar de dicha conexión nos centraremos en la figura de Ingeborg, joven berlinesa, quien, en una primera instancia, nos es presentada como la novia de Archimboldi (aunque su relevancia supera largamente su relación con el escritor alemán). Su figura será introducida en la quinta y última parte de la novela, en donde inmediatamente nos queda claro desde su aparición que está demente. No obstante, al contrario de Edwin Johns, Ingeborg simbolizará una locura alegre, iluminada y positiva, mas siempre conservando el sesgo de dolor que viene acompañado de la lucidez.

Para hablar de dicha conexión entre locura y arte, empero, es necesario en primer lugar abrir un paréntesis y referirnos brevemente a la concepción de "arte" que el propio Bolaño rescata y valora. Un punto de partida apropiado para lo anterior es la figura del abismo ya mentada en el presente libro. Un pasaje relativo a ella y al acto de escritura (comúnmente citado), mienta lo siguiente:

> ¿Entonces qué es una escritura de calidad? Pues lo que siempre ha sido: saber meter la cabeza en lo oscuro, saber saltar al vacío, saber que la literatura básicamente es un oficio peligroso. Correr por el borde del precipicio: a un lado del abismo sin fondo y al otro lado las caras que uno quiere, las sonrientes caras que uno quiere, y los libros, y los amigos, y la comida. (Bolaño 2004ab, 36-37)

Ahora bien, no es que la literatura de calidad, así como es percibida por Bolaño, sea una obsesionada con el mal (haciendo la equivalencia "abismo=mal"), sino más bien el escritor chileno refiere a una escritura que toma riesgos, que busca lo nuevo, que afronta lo visceral de la existencia de frente. Siguiendo esta misma línea de pensamiento, a su vez, Bolaño menciona en uno de sus ensayos cómo el arte supone un pequeño bastión de resistencia frente al sinsentido y la barbarie ("la pobre bandera del arte que opone al horror que se suma al horror" (Bolaño 2003, 154). Los artistas de verdad, en este sentido, son individuos valientes, que luchan, y aquí lo parafraseo nuevamente, contra un monstruo, sabiendo, además, que van a ser derrotados. Consiguientemente, hasta el más infame escritor presente en la obra bolañana (y ejemplos de estos últimos sobran) tienen ciertos rasgos redentores, como si incluso cuando la literatura se ensucia o se humilla, irrevocablemente conservase, incluso en un grado mínimo, una cuota de honor o un gesto rescatable esencialmente por su valentía.

Pues bien, ¿a qué queremos llegar con todo esto? Enfatizar que, a pesar de que el escritor chileno nunca lo dijo explícitamente, es posible deducir que considera a los escritores como seres privilegiados en relación a cómo afrontan la existencia. Quizá "privilegiado" no sea la palabra adecuada; sí, como ya he mencionado, dolorosamente lúcidos por su misma valentía. Volviendo a la analogía de Amalfitano en la cual hace mención a la entrada de una mina o cueva, hay quienes afrontan el abismo de frente, y aunque son incapaces, en última instancia, de descifrar los ruidos provenientes de la mina, al menos son capaces "de visualizar el contorno de algo" (Bolaño 2004a, 161). Estos son los artistas que, basados en las propias palabras de Bolaño cuando habla de los escritores, escriben metiendo la cabeza en lo oscuro, "corriendo al borde del precipicio".

No obstante, ¿son los artistas los únicos que pueden ver "el contorno de las cosas"? ¿Los únicos que pueden acercarse el abismo? Para empezar a responder a aquella pregunta debemos prestar atención a las relaciones que establecen los personajes en la obra bolañana, y si otro grupo de individuos comparte la sensibilidad de los artistas. Los escritores, en primer lugar, pareciesen ser parte de un mundo inexorablemente cerrado, inaccesible. Esto es particularmente evidente cuando de encontrarlos se trata, siendo el tópico "la búsqueda por el escritor perdido" una constante en la obra bolañana. En *Estrella distante*, por ejemplo, se necesita de un poeta para encontrar a otro poeta (Arturo Belano y Carlos Wieder). En *Los detectives salvajes* es el mismo Arturo Belano y su amigo Ulises Lima quienes terminan por encontrar a Cesárea Tinajero, legendaria poeta vanguardista que se encontraba perdida en los desiertos de Sonora. *2666*, por supuesto, tampoco es la excepción, en cuanto la búsqueda por Archimboldi se nos hace patente desde los inicios de la novela. Sin embargo, y a diferencia de los ejemplos que aquí referidos, aquellos que buscan al escritor en *2666* no son escritores, sino académicos, intelectuales, críticos. Gutiérrez-Mouat, no sin una pizca de ironía, se refiere a ellos como la contraparte "civilizada" de Belano y Lima (Gutiérrez-Mouat 2016, 180). Quizá, justamente, por lo mismo, Bolaño no los deja triunfar. A diferencia de todos los personajes aquí mentados, poetas ellos mismos, artistas ellos mismos, los críticos no son capaces de acceder a la presencia del escritor, no tanto por incapacidad de entender su obra, sino, como ya me he explayado, por ser incapaces de asumir una existencia visceral en relación lo real concreto.

Pero volvamos a nuestra pregunta: ¿son los artistas los únicos que experimentan aquella lucidez en torno al abismo? *2666* nos demuestra lo contrario. Lola, como ya hemos mencionado, emprende un largo camino para visitar a un poeta homosexual encerrado en un manicomio. Su búsqueda, no obstante, y a diferencia de la de Espinoza y Pelletier, es un éxito: logra conocer y hablar con el poeta en cuestión. Lola, en consecuencia, no necesita ser un escritor para penetrar al mundo del arte: el requisito en este caso es estar *loco* – rasgo que, coincidentemente, comparte con su ídolo.

Y es así como, finalmente, llegamos a la figura de Ingeborg, joven berlinesa que Archimboldi conoce en medio de la Segunda Guerra Mundial, y a la cual inmediatamente describe como demente. Al igual que Lola, Ingeborg no sólo establecerá una conexión con un artista (Archimboldi), sino que eventualmente llegará a ser su pareja. Nos parece útil aquí ver dicha unión de manera alegórica: pues, a partir de las figuras de Lola e Ingeborg, Bolaño no sólo está diciéndonos que la locura, a diferencia, por ejemplo, de la exiliada crítica académica, tiene acceso al mundo artístico, sino que además está irrevocablemente unida a él y dialoga con dicho espectro de igual a igual: arte y locura, en este sentido, conforman un extraño matrimonio, una unión heterodoxa, y no obstante funcional. "Ingeborg es mi alegría", terminará por decir Archimboldi (Bolaño 2004ab, 1003) Este último, representante del arte, e Ingeborg, símbolo de la locura, parecieran, entonces, destinados a estar juntos en el mundo de Bolaño, tomados de la mano en igualdad de condiciones frente al abismo.

Los locos, en este sentido, demuestran ser para Bolaño personajes equivalentes en importancia a los artistas, e integrales a los mismos —por lo menos simbólicamente. ¿Pero qué hay que decir con respecto a su lucidez?

Ya veíamos en Edwin Johns un frío diagnóstico de la sociedad mercantil contemporánea. ¿Podríamos calificar a Ingeborg como una figura igualmente lúcida? Es fácil categorizar, en primera instancia, sus intervenciones como delirios absurdos, sin sentido. No obstante, si ponemos atención, es nada menos que Ingeborg quien parece resumir la dialéctica utopía-barbarie referida anteriormente. Me refiero al primer encuentro entre Ingeborg y Archimboldi, en donde la primera declara sólo creer en las tormentas y los aztecas. En relación a estos últimos, menciona:

> Son gente muy extraña (…) si los miras a los ojos, con atención, te das cuenta al cabo de poco tiempo de que están locos. Pero no están encerrados en un manicomio. O tal vez sí. Pero aparentemente no. Los aztecas viven con suma elegancia, son muy cuidadosos al elegir los vestidos que se ponen cada día, uno diría que se pasan horas en el vestidor, eligiendo la ropa más apropiada, y luego se encasquetan unos sombreros emplumados de gran valor, y joyas en los brazos y en los pies (…) y luego salen a pasear por las orillas del lago, sin hablar entre ellos (…) y después de pasear como filósofos entran en las pirámides. (Bolaño 2004ab, 871-872)

Acto seguido, Ingeborg describe la contemplación silente de los aztecas en relación a sus sacrificios, los cuales tiñen la luz interior de las pirámides de un rojo muy vivo, rojo que emana de la sangre de las víctimas que son, justamente, sacrificadas. No obstante, luego de dicho acto,

> los aztecas vuelven a sus quehaceres diarios, que consisten básicamente en pasear y bañarse y luego volver a pasear y quedarse mucho tiempo quietos contemplando cosas indiscernibles. (Bolaño 2004ab, 873)

Dos alcances con respecto a este pasaje: uno, evidente, y otro, espero, con un grado de profundidad mayor. El primero es que la referencia de los aztecas y los sacrificios humanos tiene un eco inmediato con las muertas de Santa Teresa previamente desplegados en la novela. Dicha referencia a la supuesta sed sanguinaria de los aztecas, en este sentido, funciona como reflejo caricaturesco de lo que posteriormente sucederá siglos después en el mismo espacio, en donde las obreras de Santa Teresa parecieran haber devenido el sacrificio de la cultura occidental en su totalidad. La segunda tiene que ver con la noción de normalidad que hemos mencionado con respecto a Edwin Johns y los asesinos de Santa Teresa[23], y que, al fin y al cabo, refiere al matrimonio indisociable entre utopía y barbarie que *2666* despliega. Las palabras de Ingeborg vuelven a hacer hincapié en la *normalidad* de la violencia cotidiana ya previamente discutida. Los aztecas, según su propia descripción, son gente tranquila, aparatosa, quienes hacen cuestiones cotidianas como cualquier otra gente y se visten con "elegancia" —la única diferencia siendo en que en un momento del día interrumpen sus quehaceres cotidianos para hacer un sacrificio humano. Nuevamente, este horror y violencia no son motivo de escándalo en la sociedad azteca, puesto que son partes de una ceremonia. Y la existencia de un ritual, de una costumbre, en este caso, termina por normalizar la barbarie para hacerla constitutiva del statu quo. Para volver a usar las palabras de Amalfitano, la ceremonia encubre una violación.

En resumidas cuentas, cabe destacar cómo los personajes locos —Amalfitano, Edwin Johns, Ingeborg— son aquellos que son capaces de describir y comprender la dialéctica interna del mundo bolañano de manera más lúcida, si bien con reacciones notablemente diferentes dentro del mismo espectro de la locura. Ingeborg, no obstante, va un paso más allá y le da una vuelca de tuerca al concepto mismo de demencia. Posteriormente a su descripción de la cotidianidad de los aztecas, la joven berlinesa menciona cómo estos últimos bien pueden estar locos, o quizás no. ¿Qué se puede extraer de lo anterior? Una relativización del concepto de locura —o, en otras palabras, la difuminación de su frontera con la cotidianidad. Recordemos, antes que nada, que la lucidez de la locura de Ingeborg —idéntica a la de Johns— implica en definitiva una marginalización con respecto a los códigos comunitarios con los cuales se rige la gente normal, pero también una oportunidad de aproximarse a lo cotidiano de forma material, mirada despojada de la carga ideológica de discursos utópicos. En otras palabras: estar loco, en el mundo bolañano, implica esencialmente ver las cosas desde afuera, una reexaminación de las normas de nuestro día a día y una oportunidad de ver su absurdo intrínseco. Dicha visión foránea, consecuentemente, relativiza el mismo concepto de locura: puesto que si aceptamos el horror y la violencia mientras sean partes orgánicas del todo, ¿quién está realmente loco? ¿Cuán loco está realmente Johns? Lo único que ha hecho es una fría operación para incrementar el valor comercial de su mercancía —una acción lógica en el sistema mercantil contemporáneo. ¿Cuán locos están los aztecas? Lo único que han hecho con sus sacrificios es continuar con su tradición histórica y cultural. ¿Cuán locos estamos nosotros, que aceptamos las muertes de Ciudad Juárez como crímenes esperables del desarrollo de una ciudad moderna? ¿Cuán normal deben ser la violencia y el horror en nuestra contemporaneidad? Si contribuimos a aceptarlas como algo natural, nos parece decir Bolaño a través de Ingeborg, es que al final de cuentas, tal como los aztecas, los asesinos de Santa Teresa, Leo Sammer y otros más, estamos irremediablemente locos también —y sin necesariamente estar conscientes de aquello. La normalización de la violencia, en este sentido, es equivalente a la locura.

3.2.5. Ivánov

Ahora bien, si Johns es capaz de abstraer la dinámica mercantil de nuestra sociedad y cometer un acto aparentemente irracional —o más bien, *demasiado* racional—, Ivánov, el escritor ruso el cual nos es presentado en «La parte de Archimboldi», representa otra clase de escritor institucionalizado que también usa el sistema hegemónico para su provecho. Ivánov, en primer lugar, y al igual que Rodolfo Alatorre y El Cerdo, representan el escritor y/o intelectual que trabaja para el Estado. El primero lo hace para la Unión Soviética; los segundos, para el estado mexicano. Para Bolaño no hay gran diferencia, en cuanto se deduce que el mero gesto de ponerse al servicio de una institucionalidad con agenda política es un gesto vacío e hipócrita. En sus propias palabras: "el escritor debe tender hacia la irresponsabilidad, nunca hacia la respetabilidad" (Braithwaite 2006, 105). Encontramos casi exactamente *lo contrario* en los pensamientos de Ivánov, los cuales están enfocados en el escritor como una figura pública, política y oportunista:

> Para Ivánov un escritor de verdad, un artista y un creador de verdad era básicamente una persona responsable y con cierto grado de madurez. Un escritor de verdad tenía que saber escuchar y

saber actuar en el momento justo. Tenía que ser razonablemente oportunista y razonablemente culto (...). Un escritor de verdad tenía que ser alguien razonablemente tranquilo, un hombre con sentido común (...). Sobre todo, no alzar la voz, a menos que todos los demás la alzaran. (Bolaño 2004a, 892)

Ivánov, al igual que El Cerdo en el D.F. (quien llega al extremo de llevar un arma para mostrar su autoridad), asocia lo literario con la obtención de cierto estatus, algo ingeniosa, siempre medida. El arte, en este sentido, no es tan importante en sí mismo tanto como un vehículo para llegar a concebirse como *alguien* en el espectro social. Mas, tal como si se tratara de una parábola, el destino final de Ivánov es trágico. Pues después de tener un explosivo éxito a partir de su primera novela —la cual, dicho sea de paso, se gana elogios de Gorki—, publica dos novelas más, las cuales producen, unos años después, el retiro de todas sus obras de las librerías, su expulsión del partido comunista y su eventual detención en las Purgas de Stalin. Una semana después es ejecutado:

> Lo volvieron a interrogar y sin necesidad de golpearle le hicieron firmar varios papeles y documentos. No volvió a su celda. Lo sacaron directamente a un patio, alguien le pegó un tiro en la nuca y luego metieron su cadáver en la parte de atrás de un camión. (Bolaño 2004a, 910)

Otra advertencia por parte de Bolaño que la fama es accidental y de vida corta, al mismo tiempo que castiga fuertemente la arrogancia de Ivánov y su búsqueda de prestigio social. No obstante, como si quisiese redimirlo sólo un poco, Bolaño nos deja percibir un atisbo de honor en el escritor ruso, puesto que cuando estuvo preso no delata a Ansky con las autoridades. En palabras del último:

> [A] Ivánov tal vez lo juzgué mal, puesto que, por todas las informaciones que poseo, no me delató, cuando lo más fácil hubiera sido delatarme (...) y sin embargo *eso* no hizo, delató a todos aquellos que sus torturadores querían que delatara, viejos y nuevos amigos, dramaturgos, poetas y novelistas, pero de mí no dijo ni una palabra. (Bolaño 2004a, 913-914)

El oficio del escritor, a pesar de a veces estar encarnado en personajes derechamente ruines, no deja, al fin y al cabo, de tener un grado mínimo de honorabilidad y nobleza, hasta en sus momentos más bajos.

3.2.6. *Fate, o el extranjero*

Es pertinente ahora que nos enfoquemos en la dimensión épica de la obra bolañana. Para ello es particularmente útil empezar por Fate, periodista afroamericano que trabaja para el periódico *Amanecer Negro*. A este último se le presenta un dilema similar al de Amalfitano: la constatación de una tragedia humana inmensa, inconmensurable, en la ciudad mexicana de Santa Teresa. No obstante, su reacción será diametralmente distinta, en cuanto su accionar estará ligado más explícitamente a un espíritu épico que le desmarcará de la gran mayoría de los individuos presentes en *2666*. Afirmamos lo anterior tomando en cuenta las indagaciones que Lukács efectuó en torno al género épico en su famosa *Teoría de la novela* (1920). «La parte de Fate» concuerda así con las reflexiones del crítico húngaro en dos puntos primordiales: 1) en el sentido que la praxis del individuo vuelve, momentáneamente, a entrar en el terreno del *sentido*; la divinidad vuelve al mundo y las acciones del héroe son armónicas con el espíritu del todo. Se pasa de la carencia de sentido a la presencia de uno, incluso si éste es complejo y no comprensible por completo; 2) la idea de que el héroe épico es parte de una comunidad. Fate, más explícitamente que ningún otro personaje en *2666,* es representante de un grupo social en su totalidad, como lo es en este caso la comunidad afroamericana. Sin embargo, como se analizará a la brevedad, este sentido de pertenencia a un grupo en particular no sólo será reivindicado, sino también expandido.

A pesar de lo mencionado, lo anterior es un proceso, uno que comienza justamente al otro espectro de lo que podríamos considerar una cruzada épica. El inicio de «La parte de Fate», para empezar, es notablemente similar a *El extranjero*, de Albert Camus, en cuanto lo primero que sucede es una llamada telefónica que comunica al periodista la defunción de su madre (Camus 1949, 295)[24]. La conexión intertextual con la obra de Camus nos retrae inmediatamente al existencialismo y la pertinente angustia por la falta de sentido generalizado (algo, como acabamos de ver, muy similar a la propia crisis que Amalfitano experimenta y Archimboldi experimentará). Fate no puede asimilar la muerte de su madre: se encuentra desconectado de la realidad concreta y nada tiene un sentido trascendental. En sus propias palabras:

> ¿Veo lo *sagrado* en alguna parte? Sólo percibo experiencias prácticas, pensó Fate. Un hueco que hay que llenar, hambre que debo aplacar, gente a la que debo hacer hablar para poder terminar mi artículo y cobrar. (Bolaño 2004a, 399)

Si bien este extracto es uno de los pocos que nos da un atisbo a la interioridad de Fate, sus vómitos constantes (Bolaño 2004a, 302, 310 y 383) sirven como señal de un rechazo *físico* de su situación actual, un síntoma corporal de la falta de sentido.

El trabajo periodístico de Fate, a su vez, está asociado íntimamente con la noción de derrota. *Amanecer Negro* —el periódico donde sirve como corresponsal cultural— es una publicación escrita y pensada para la comunidad afronorteamericana y la reivindicación de sus derechos. Como es deducible, tiene su germen en los movimientos de derechos civiles de los años sesenta, en donde grupos tales como Las Panteras Negras tuvieron su apogeo. No obstante, el periódico, en la contemporaneidad, pareciese estar "pasado de moda", en cuanto su discurso combativo y subversivo causa más rechazo que simpatía. En palabras de uno de los entrevistados de Fate:

> —Esa jodida revista ya no la lee nadie —dijo.
> —Es una revista de hermanos —dijo Fate.
> —Esa jodida revista de hermanos sólo emputece a los hermanos —dijo el tipo sin dejar de sonreír—. Se ha vuelto *anticuada*. (Bolaño 2004a, 369)

Otro ejemplo del aparente cansancio que produce dicha publicación se encuentra al inicio de la presente parte, cuando Fate interactúa con otras personas en un restaurante de Detroit:

> El camarero se le acercó y le preguntó si era verdad que era periodista. Soy periodista. Del Amanecer Negro.
> —Hermano —dijo el tipo bajito sin levantarse de su mesa—, tu revista tiene un nombre de mierda. —Sus dos compañeros de cartas se rieron—. Personalmente ya estoy harto de tantos amaneceres —dijo el tipo bajito—, me gustaría que de vez en cuando los hermanos de Nueva York hicieran algo con el atardecer, que es la mejor hora, al menos en este jodido barrio. (Bolaño 2004a, 308)

En concordancia con lo anterior, podemos presenciar dicha conciencia de derrota y desencanto no sólo en el "público general", si así podemos llamarle, sino en los mismos integrantes que fueron partes del movimiento. Uno de ellos, un ex líder de Las Panteras Negras, expresa el desajuste del impulso revolucionario original en contraste con la actual domesticación del movimiento de derechos civiles diciendo lo siguiente:

> Cuando me soltaron yo no era nadie. Los Panteras Negras ya no existían. Algunos nos consideraban un antiguo grupo terrorista. Otros, un recuerdo vago del pintoresquismo negro de los años sesenta. Marius Newell había muerto en Santa Cruz. Otros compañeros habían muerto en las cárceles y otros habían pedido disculpas públicas y cambiado de vida. Ahora había negros no sólo en la policía. Había negros ocupando cargos públicos, alcaldes negros, empresarios negros, abogados de renombre negros, estrellas de la tele y del cine, y los Panteras Negras eran un estorbo. (Bolaño 2004a, 318)

El discurso de Seaman (pues ése es su nombre) es digno de analizar: pues, si bien se concede que efectivamente miembros de la comunidad afroamericana han ocupado cargos públicos que socialmente son vistos como "exitosos", se desprende cierta nostalgia por un espíritu combativo que en el presente se ha perdido. El malestar proviene, se subentiende, del hecho de la asimilación de la comunidad afroamericana en una sociedad materialista —y no, como se esperaba, de la transformación de la última por parte de la primera. El mero concepto de "revolución" ha quedado en el pasado.

La decepción de Seaman, asimismo, también puede verse reflejada en Antonio Jones —el último comunista activo en Brooklyn—, el cual Fate entrevista. En sus propias palabras:

> Le preguntó por Stalin y Antonio Jones le respondió que Stalin era un hijo de puta. Le preguntó por Lenin y Antonio Jones le respondió que Lenin era un hijo de puta. Le preguntó por Marx y Antonio Jones le respondió que por ahí, precisamente, tenía que haber empezado: Marx era un tipo magnífico (...). Luego, sin que viniera a cuento, se puso a cantar la Internacional. Abrió la ventana y con una voz profunda que Fate no le hubiera supuesto jamás, entonó las primeras estrofas: Arriba los pobres del mundo, de pie los esclavos sin pan. Cuando hubo terminado de cantar le preguntó a Fate si no le parecía que era un himno hecho especialmente para los negros. No lo sé, dijo Fate, nunca lo había pensado de esa manera. (Bolaño 2004a, 330)

El anterior pasaje simboliza dos cosas: por un lado, la decepción por cómo un proyecto revolucionario fue tergiversado por sus líderes, quienes traicionaron su espíritu y oprimieron a sus integrantes (lo cual, como será discutido más adelante, será retratado en el mismo *2666* por medio de la experiencia de Ansky). Esto va en concordancia con la propia visión de Bolaño. En las palabras del escritor chileno:

> De más está decir que luchamos a brazo partido, pero tuvimos jefes corruptos, líderes cobardes (...) luchamos por partidos que de haber vencido nos habrían enviado de inmediato a un campo de trabajo forzado. (Bolaño 2004ab, 37)

No obstante lo dicho, la reivindicación de Marx por Antonio Jones vuelve a honrar el espíritu revolucionario con el cual se empezó: la chispa de la subversión inicial. El himno de la Internacional, el cual honra a los pobres del mundo, en este sentido, no sólo convoca la historia de opresión de la clase europea, sino deviene más bien algo universal, aplicable a todos los grupos marginales en el globo, y tal como dice Antonio Jones, perfectamente pertinente a la comunidad afroamericana en Estados Unidos. En este sentido, no hay arrepentimiento de haber luchado (discurso que calzaría con aquel del "guerrillero arrepentido")[25] sino más bien un orgullo revestido de nostalgia.

3.2.7. *El perdedor versus el fracasado*

Ahora bien, me parece pertinente enfatizar la distinción que hace Ana María Amar Sánchez entre lo que entendemos por *perdedor* y *fracasado*, en cuanto considero que dicha distinción tiene particular significación en *2666* y la obra bolañana. Según la crítica argentina, el primero —el perdedor—, aún sabiéndose derrotado, es el estandarte de un proyecto político de cambio social que se rehúsa a desaparecer en un contexto histórico y político que le es antagónico. La derrota, en este sentido, no es más que un hecho puntual que no afecta los ideales del perdedor en cuestión. En palabras de Amar Sánchez: "la pérdida es lo opuesto a la resignación, ser perdedor no significa más que ejercer formas diversas de resistencia y triunfar sobre la conformidad del vencedor" (2010, 25). La misma crítica argentina distingue a esta figura con la del "fracasado", el cual, según su caracterización, es un protagonista desencantado, generalmente nihilista, apolítico y cínico frente a la realidad que le rodea. Citamos sus palabras nuevamente:

> El perdedor se distancia claramente del fracasado, una figura ya muy reiterada en la narrativa. La literatura se ha ocupado —y se ocupa— con frecuencia de este último tipo de antihéroe (…). En todos los relatos, [los fracasados] han perdido cualquier esperanza, están condenados a destinos sórdidos, el fracaso y la soledad es irreversible para ellos (…). Este tipo de fracasados no tiene casi nunca anclaje político preciso y es una figura en el "borde" de la sociedad. Los perdedores (…) por el contrario, encarnan propuestas —conductas— que responden en el campo de la ficción a pérdidas políticas producidas en puntuales circunstancias históricas. (Amar Sánchez 2010, 74-75)

Gran parte de la crítica se ha enfocado más en la faceta del "fracasado" en Bolaño más que en la del "perdedor". Ejemplos abundan: Alexis Candia, por ejemplo, postula que en la literatura bolañana se proyecta una "Estética de la Aniquilación" que tiende a "devastar y demoler física y mentalmente" a sus protagonistas, como si de algún modo Bolaño basase su proyecto narrativo en castigar a los seres que lo habitan (Candia 2011, 34); asimismo, López-Calvo hace énfasis en el supuesto desencantamiento de Bolaño con la izquierda y con los ideales revolucionarios pasados. En palabras de López Calvo,

> Bolaño intentionally undermines his own literary denunciation and even his own traumatic real-life experience to mock indirectly the values of the Chilean (and, by extension, Latin American) Left, as well as the Chilean literature written in and about exile. (2015, 45)

No creemos que este sea el caso en Bolaño, sino más bien todo lo contrario: pues si bien aceptamos que efectivamente hay en Bolaño un desencanto con el proyecto político de la izquierda y su llevada la praxis en el siglo XX (como bien los anteriores pasajes demuestran), por ningún instante ello implica una renuncia a sus valores. En palabras del propio Bolaño:

> Yo sigo siendo de izquierdas. En ese sentido las cosas siguen siendo iguales. Y cuando digo izquierda no me refiero a una etiqueta ideológica sino más bien a una actitud moral, ético, incluso, en ocasiones, estética. ("Entrevista a Roberto Bolaño", 365)

Volviendo a Fate y su afiliación con un activismo afronorteamericano, el paralelo con los movimientos sociales latinoamericanos de los sesenta, a estas alturas, puede dejarse ver explícitamente. Pues Bolaño, en «La parte de Fate», proyecta la tan mentada derrota de su generación disfrazada en otro contexto, con distintos personajes, pero esencialmente mostrando el mismo proceso. Las Panteras Negras (o el comunismo afro de Jones) son el equivalente de la generación de jóvenes latinoamericanos que lucharon por una transformación social profunda a mediados de siglo. Fate, en este sentido, si bien no es directamente un "sobreviviente", como sí lo son Antonio Jones y Seaman, sí está anclado en un grupo marcado por la derrota, pero también pertenece fiel a sus convicciones de lucha, las cuales no parecen mermar incluso en los contextos más desesperanzadores. En este sentido, sí, es un "perdedor" –pero de la manera en que lo entiende Amar Sánchez.

3.2.8. *El momento epifánico y la alianza de los subalternos*

Podría decirse que «La parte de Fate» es un paulatino desarrollo de la inacción hacia la acción directa. Como ya he mencionado, el relato se inicia con la muerte de la madre de Fate. La narración deja traslucir el vacío existencial en el discurrir del periodista: no tanto en relación a lo que dice o hace, sino más bien en lo relativo a su silencio e inercia. Fate nunca pareciese *procesar* la pérdida —más bien, resbala frente a los sucesos que suceden frente a él. Por ejemplo:

> Mientras conducía volvió a pensar en su madre. La vio caminar, la vio de espaldas, vio su nuca mientras ella contemplaba un programa de la tele, oyó su risa, la vio fregar platos en el lavadero. Su rostro, sin embargo, permaneció en la sombra todo el tiempo, como si de alguna manera ella ya estuviera muerta o como si le dijera, con gestos y no con palabras, que los rostros no eran importantes ni en esta vida ni en la otra. En el Sonora Resort no encontró a ningún periodista y tuvo que preguntarle al recepcionista cómo se llegaba al Arena. Cuando llegó notó cierto revuelo. Preguntó a un lustrabotas (...) qué ocurría y el lustrabotas le dijo que había llegado el boxeador norteamericano. (Bolaño 2004a, 360)

La madre de Fate aparecerá, como en este pasaje, repentinamente en la psiquis de Fate. No obstante, su presencia no retrae ninguna emocionalidad en específico, sino más bien un resto emocional indigesto: no alcanza a constituirse como un *evento narrable* en sí mismo. De forma similar a cuando me refería a cómo una ola de calor y el horror de encontrar un cuerpo femenino tienen el mismo peso dentro de un mismo párrafo, la imagen de la madre de Fate y la llegada de este último al hotel son equivalentes sintácticamente en importancia. No hay jerarquía, no hay organización interna: sólo una mirada blanca que fluye, sin otorgarle valor alguno a lo que describe. Esto último, consecuentemente, describe la desconexión de Fate con la realidad concreta y su incapacidad de involucrarse emocionalmente con otros individuos.

Otra forma en cómo se demuestra la apatía de Fate al inicio de su relato es en la posibilidad latente de iniciarse una *historia* —un arco propiamente tal—, solamente para que dicha posibilidad quede en la nada. Un ejemplo paradigmático de esto último es la presencia de una joven desconocida en el funeral de la madre de Fate, quien aparece dos veces en el inicio de la narración. El segundo encuentro se narra de la siguiente forma:

> Durante la ceremonia, volvió a ver a la adolescente alta. Iba vestida igual que antes, con bluejeans y el vestido negro con flores amarillas. La miró y trató de hacerle un gesto amistoso, pero ella no lo miraba a él. (Bolaño 2004a, 301)

El reencuentro con un personaje (en apariencia secundario) tradicionalmente podría dar paso al desarrollo de un argumento en relación a este último; no obstante, nada de esto sucede. Ninguna relación (ni siquiera superficial) se establece entre Fate y la adolescente: ésta última, por medio de la narración, deviene parte del escenario, un objeto inamovible que no adquiere relieve por sí mismo. En este sentido, hay una leve ironía en la narración misma: se nos presentan elementos que pueden, potencialmente, devenir historias, sólo para que dichas semillas argumentativas se queden sólo en eso: como posibilidades de relatos nunca desarrollados. Es una forma de demostrar, nuevamente, cómo Fate *flota* sobre los eventos.

No obstante, hay un punto de quiebre en Fate —paulatino, sutil. Éste último se iniciará una vez que viaje a Santa Teresa para cubrir una pelea de box. Fate se entera de los feminicidios masivos en la ciudad mexicana y sentirá el impulso de convertir dichos asesinatos masivos en un reportaje. Su petición, sin embargo, no será bienvenida en la oficina de redacción:

> —¿Cuántos putos hermanos están metidos en el asunto? —dijo el jefe de la sección.
> —¿De qué mierda me hablas? —dijo Fate.
> —¿Cuántos jodidos negros están con la soga al cuello? —dijo el jefe de la sección.
> —Y yo qué sé, te estoy hablando de un gran reportaje —dijo Fate,— no de una revuelta en el gueto.
> —O sea: no hay ningún puto hermano en esa historia —dijo el jefe de la sección.
> —No hay ningún hermano, pero hay más de doscientas mexicanas asesinadas, hijo de puta —dijo Fate. (Bolaño 2004a, 374)

Dos cosas son dignas a destacar. Primero, el *deber ser* que Bolaño proyecta en el periodismo, el cual está ligado íntimamente a la búsqueda de la justicia social y a la defensa del menos privilegiado. Ya vimos anteriormente cómo Sergio Rodríguez representaba esta arista de trabajo periodístico, con conexiones evidentes a nuestra realidad concreta; aquí, el mismo impulso se ve reforzado ante la tentativa de Fate por ilustrar una barbarie que pareciese discurrir silente ante los ojos del mundo. El periodismo, nuevamente, se representa como un medio con la capacidad y deber de dar sentido a una realidad que requiere urgentemente de un metarrelato. En las palabras del propio Fate: "un retrato del mundo industrial en el Tercer Mundo (…) un *aide-mémoire* de la situación actual de México, una panorámica de la frontera, un relato policial de primera magnitud, joder" (Bolaño 2004a, 373). El diálogo anterior, a su vez, nos muestra una noción de *solidaridad* entre grupos marginales, no restringiendo Fate su labor periodística a la circunstancialidad de su grupo racial. Esto adquirirá tintes simbólicos al final de su relato, el cual analizaré en breve.

Sumado a la toma de conciencia de la barbarie que se desarrolla en Santa Teresa, hay un paulatino proceso de concientización en el personaje de Fate que será reforzado por la acumulación de experiencias violentas (entre las cuales podemos destacar, por ejemplo, la visión de una mujer siendo golpeada en una discoteca). No obstante, no será hasta la aparición de Rosa Amalfitano que Fate efectivamente hará *algo*. Pues la aparición de la joven simbolizará en

Fate la aparición momentánea de la belleza y un sentimiento de lo sagrado que pensaba haber perdido. En las palabras del propio Fate, en un episodio en que le toca la mano a Rosa:

> Al estrecharla tuvo conciencia de la frialdad de su propia mano. He estado agonizando todo este tiempo, pensó [Fate]. Estoy frío como el hielo. Si ella no me hubiera dado la mano me habría muerto aquí mismo y hubieran tenido que repatriar mi cadáver a Nueva York. (Bolaño 2004a, 408)

Rosa Amalfitano —hija de Óscar Amalfitano, el profesor chileno—, es el símbolo de la adolescente que está en peligro mortal en Santa Teresa. Joven, asidua a salidas nocturnas con sus amigos, cercana a círculos cercanos al narcotráfico, su figura pareciera estar alarmantemente cercana al desastre. La adoración de Fate hacia Rosa, en este sentido, transforma el sentido de su viaje a México en una travesía quijotesca: una que se enfoca en la búsqueda por la pureza y la belleza, simbolizada en Rosa, y un intento de salvarla de su medio social, tóxico, machista y violento.

El momento de quiebre —esto es, el momento en que lo anterior efectivamente se *concretiza*— sucede cuando Fate mira la presunta primeriza película de Robert Rodríguez, un filme con contenido altamente surrealista, en la casa de uno de los amigos de Rosa Amalfitano. El contexto, cabe destacar, es una fiesta donde la decadencia y las drogas están a la vuelta de la esquina. Después de finalizar la película, Fate se siente impulsado por una fuerza superior que le obliga a huir y llevarse a Rosa consigo. Es el momento en que la cruzada de Fate deviene, en cierto modo, un rescate: una huida de una atmósfera degradada, una esperanza de preservar lo sagrado que él ha reencontrado en Rosa. El pasaje de la huida de la casa de Chucho, en este sentido, adquiere tintes épicos que se deslindan del tono opaco preponderante en todo *2666*.

La huida de México, no obstante, no será fácil. Chucho Flores, ex novio de Rosa, tiene contactos con la policía, la cual tratará de impedir que Fate y Rosa escapen a los Estados Unidos. Antes de emprender la huida, sin embargo, Fate y Rosa harán una pequeña parada en la casa del profesor chileno, Óscar Amalfitano. Lo que ocurre entonces es digno de destacar: pues, por primera vez, todos los agentes periféricos de *2666* se encuentran reunidos: Amalfitano, profesor de filosofía de izquierdas, sobreviviente de las "guerras floridas latinoamericanas"; Fate, representante de la históricamente oprimida comunidad afro en Estados Unidos; y finalmente Rosa, mujer joven que es el principal blanco de la barbarie en Santa Teresa. Todos representantes, en *2666*, de comunidades víctimas de violencia y opresión. Si bien es un breve momento, dicha alianza momentánea entre los agentes periféricos es de suma significancia, pues, tal como Fate expresa solidaridad con las mujeres de Santa Teresa a pesar de que no sean parte de la línea editorial de *Amanecer Negro,* Bolaño nos muestra cómo los subalternos de su novela se encuentran en el mismo espectro en el mundo bolañano, tienen un trasfondo similar, y pueden conformar una alianza momentánea.

Amalfitano, a pesar de su locura, hará un último acto de sacrificio, condiciéndose con lo que considera que son los dos valores primordiales de su existencia: el amor hacia los hijos y el valor. Reconociendo un judicial conectado con Chucho Flores fuera de su casa —el cual probablemente espera por la salida de Rosa y Fate—, decide hablarle para ganar tiempo y así permitir la huida de los últimos. Es el final de Amalfitano: Rosa, ya a salvo, intentará contactarle múltiples veces por teléfono, sólo para encontrarse con llamadas sin respuesta (Bolaño 2004a, 435). El sacrificio del profesor chileno (cuyas consecuencias no alcanzamos a ver) le eleva a la misma categoría de héroes bolañanos como Ansky o Courbet: pues si bien simboliza una derrota profunda, también representa un importante gesto de resistencia que permite la sobrevivencia de lo sagrado: Rosa.

Ahora bien, a pesar de lo previamente expuesto, «La parte de Fate» está lejos de tener un carácter resolutivo, y connota, al fin y al cabo, los límites de la imaginación bolañana. Pues aunque es cierto que hay cierto momento epifánico que impulsa a Fate a efectivamente tomar *acción* (el acto mismo de salvar a Rosa de un contexto tóxico), la huida del periodista afroamericano a los Estados Unidos difícilmente podría considerarse una victoria. Lo anterior por dos razones: la primera (y la más obvia), es que la tragedia humana de Santa Teresa permanece intacta. Como ya hemos mencionado, la lógica espacial de *2666* incide en que las cruzadas de personajes singulares que intentan efectivamente influir en su medio terminen difuminándose en la nada. Santa Teresa, en este sentido, *engulle* a quien se interna en ella: demuestra ser una bestia demasiado inabarcable para épicas singulares. La segunda razón se desprende del espíritu del presente libro: pues aunque se haya escapado de Santa Teresa, la visión del infierno más explícita en *2666*, no hay espacio "puro" en la novela que represente su contrario —esto es, el lugar utópico, donde las normas de la civilización letrada se cumplen en armonía. Pues si algo nos demuestra el juego de cara y sello constante en toda la novela es que la sombra de la violencia y la barbarie son inescapables, ya sea en México, Estados Unidos o Europa. Simplemente, no hay escapatoria de la totalidad que Bolaño ha construido en *2666*. En este sentido, la huida de Fate se siente más bien como una victoria frágil, momentánea, que no está destinada a perdurar. No obstante, si bien la barbarie está condenada a su eterno retorno, también lo está el espíritu épico, la emergencia de la valentía en circunstancias adversas.

3.2.9. *El valor*

Dicho esto, me parece apropiado profundizar en la ética de acción bolañana, la cual está presente en Amalfitano, Fate, Archimboldi y otros, y los alcances de su rasgo más relevante: *el valor*. Este último, atributo que Bolaño reitera en múltiples entrevistas como una de sus más preciadas[26], es una cualidad que aparece una y otra vez en los personajes en los cuales Bolaño se concentra. Tampoco, a su vez, está desligada de su propia historia personal: con respecto a su generación, por ejemplo, señala: "Nuestro valor fue tan grande como nuestra inocencia o estupidez" (Braithwaite 2006, 82). Es una relación paradójica, en cuanto se rescata una *actitud* más que un proyecto político en específico: Bolaño reconoce, ante todo, la valentía para enfrentar lo establecido, para propugnar un cambio, incluso si éste se cree imposible —es más, *sobre todo* si se ve imposible. En este sentido, su concepto del valor y el enfrentamiento del peligro adquieren un tono quijotesco, pero propio de un Quijote *consciente de sí mismo*— consciente de su propia locura. Es la salida hacia la aventura y el enfrentamiento a la barbarie teniendo el conocimiento de que uno probablemente no sea victorioso.

Un ejemplo claro de lo último en *2666* es la figura de Ansky. Ansky, protagonista del diario personal que Archimboldi encuentra en Kostekino, deviene, en última instancia, un modelo de vida para el escritor alemán. El joven polaco, el cual ha sufrido las purgas de la Unión Soviética en carne propia, vive un proceso de desencanto del proyecto revolucionario; no obstante, Ansky no sucumbe ante la demencia o la melancolía. Ya hacia el final de su diario, Archimboldi lee:

> En una de sus últimas anotaciones menciona el desorden del universo y dice que sólo en ese desorden somos concebibles. En otra, se pregunta qué quedará cuando el universo muera y el tiempo y el espacio mueran con él. Cero, nada (...). Detrás de toda respuesta inapelable se esconde una pregunta aún más compleja. La complejidad, no obstante, le da risa (...). Sólo en el desorden somos concebibles (...). En la última página del cuaderno traza una ruta para unirse a los guerrilleros. (Bolaño 2004a, 920)

Al igual que Archimboldi y Amalfitano, por mencionar dos personajes que coquetean con la locura en el transcurso de *2666*, Ansky se ve sobrepasado por la complejidad y la falta de sentido de la vida humana (y en este pasaje en particular, la presencia del tiempo linear, irrevocablemente destructivo). Sin embargo, no cede ante la tentación de sucumbir ante la locura o quedar atrapado en una melancolía estéril. La opción que Bolaño rescata a través de Ansky es *el valor*. Ansky reconoce el gigantesco absurdo que le rodea y aun así el final de su diario está marcado por su apego a la realidad concreta: se une a las guerrillas —una decisión de enfrentar una batalla que bien puede ser estéril, pero que no obstante abraza con firmeza.

Otra muestra de dicho aprecio hacia el valor es la referencia a Courbet, escritor francés, en el diario de Ansky:

> Imagina a Courbet en la revolución de 1848 y luego lo ve en la Comuna de París, en donde la inmensa mayoría de los artistas y literatos brillaron (literalmente) por su ausencia. Courbet no. Courbet participa activamente y tras la represión es arrestado y encarcelado en Sainte-Pélagie, en donde se dedica a dibujar naturalezas muertas. (Bolaño 2004a, 912)

No hay ironía en la aproximación que se hace a Courbet. Ansky lo admira —y, en consecuencia, Archimboldi también. Simboliza la figura del artista que es capaz de darlo todo en pos de un ideal, si bien muchas veces el ideal está condenado a la derrota. En este sentido, se cuadra con la visión misma de la literatura que tiene Bolaño ya referida anteriormente: afrontar una batalla que está perdida, pero aun así conservando el valor para hacerlo.

Aunque la alternativa del coraje pareciese ser, entonces, la más luminosa en relación a nuestra *praxis*, un halo de fatalismo la cubre constantemente. No obstante, en contra de lo que pudiese pensarse a primera vista (de que Bolaño se alía con la visión del "fin de la historia", que cualquier acción para cambiar el transcurso de nuestro discurrir histórico es fútil) hay una recuperación del sentido propio de la ética que cubre toda la novela, de cierta *responsabilidad* que se transmite, consecuentemente, en el accionar de los personajes. Así lo expresa el mismo escritor chileno cuando se refiere al sentido de la *culpa*:

> Yo creo que la culpa, el sentido de la culpa, es de las pocas cosas buenas de la religión católica. Siempre me ha parecido una entelequia seudodionisiaca la del hombre libre de culpa. En ese sentido, por supuesto, estoy totalmente en contra de Nietzsche. Vivir sin culpa es como vivir fuera del tiempo, en un presente perpetuo, en una cárcel de soma o como se llamara esa droga que tomaban en *Un mundo feliz*, de Huxley. Vivir sin culpa es abolir la memoria, perpetuar la cobardía. (Braithwaite 2006, 123)

La presencia constante de la barbarie y el mal, consecuentemente, en el sentido de que su presencia está condenada a reactualizarse eternamente en nuestro discurrir histórico, no significa, entonces, una excusa para no reaccionar frente a ella; por el contrario, es el único modo de *involucrarse* en la historia misma, de realizarse momentáneamente, tal como sucede con Fate en el episodio anteriormente descrito. Ansky, a su vez, decide, al igual que en su juventud ligada a la revolución soviética, *tomar parte* de esta existencia aparentemente absurda, cumplir su papel en el gran teatro del mundo al unirse a las guerrillas. Esto último no es una acción desconectada a la realidad concreta, sino que tiene efecto directo en ella: el hecho de que sea un *rol* no cambia esto último.

En conclusión: si bien la concepción de la fatalidad y el eterno retorno presentes en la novela son definitivamente pesimistas en relación a la concretización de una utopía futura, la inacción, la inmovilidad como sujeto nunca son justificables. Es justamente en la colisión entre estas dos fuerzas aparentemente contradictorias (fatalismo histórico y temporal versus la valentía de afrontar el sinsentido) que se produce una de las tensiones internas más interesantes en *2666*: pues suponen, en última instancia, una aproximación a un sentido de la *praxis* en relación a nuestra alienación contemporánea y el absurdo de la existencia; en otras palabras, a un sentido de *responsabilidad* (individual y comunitaria) ante el horror y la violencia. En palabras de Bolaño:

> Yo soy de los que creen que el ser humano está condenado de antemano a la derrota, a la derrota sin apelaciones, pero que hay que salir y dar la pelea y darla, además, de la mejor forma posible, de cara y limpiamente, sin pedir cuartel (porque además no te lo darán) e intentar caer como un valiente, y que eso es nuestra victoria. (Braithwaite 2006, 130)

Hay, por tanto, un rescate profundo de la entrega y del valor del sujeto; una actitud que justamente adquiere su honorabilidad en la conciencia de que se está peleando una batalla altamente desigual.

3.2.10. Archimboldi

—¿Cómo es Archimboldi? —dijo Espinoza.
—Muy alto —dijo la señora Bubis—, muy alto, un hombre de estatura verdaderamente elevada. Si hubiera nacido en esta época probablemente habría jugado al baloncesto.

Finalmente, llegamos a la controversial figura del escritor alemán Benno von Archimboldi[27]. Este último, a nuestro modo de ver, representa una evolución con respecto a los anteriores héroes bolañanos en relación a su complejidad, en cuanto no se encuentra exento de contradicciones y tensiones internas que sospecho que el mismo Bolaño sufrió en la última etapa de su vida. Ahora bien, para un análisis adecuado y claro de su figura, resaltando las características que lo hacen único, se hace necesario compararlo con su más inmediato antecesor en términos de importancia literaria: Arturo Belano —el otro reconocido *alter ego* de Roberto Bolaño— en *Los detectives salvajes*.

Hemos mencionado cómo el héroe bolañano (generalmente, correspondiente con aquellos que ocupan un lugar central en su narrativa) corresponden al modelo de un héroe trágico, "perdedor" de la manera en que Amar Sánchez concibe la derrota: siempre fiel a un ideal, hasta sus últimas consecuencias, incluso si el entorno que le rodea es hostil y no haya esperanza alguna de revertir su situación o la de los demás. Arturo Belano calza en esta descripción de manera categórica. Un ejemplo claro de esta actitud romántica/trágica que le ataño es su final (o más bien, lo último que sabemos de él) en *Los detectives salvajes*. Real visceralista de corazón, nostálgico de revoluciones perdidas, va allí donde la esperanza es más tenue (África) para autoinmolarse y desaparecer. El vanguardismo irremediable de Belano, o su incapacidad para bajar la cabeza, para ponerlo en términos cotidianos, es también su condena, pues —como insinúa la misma novela— Belano marcha a su propia muerte con casi toda seguridad. Vale la pena citar en extenso la última imagen de Arturo, en palabras de Jacobo Urenda: Belano decide acompañar a López

Lobo, personaje marcado por la tragedia, en una excursión guerrillera que probablemente termine en desastre:

> Recuerdo que caminamos en dirección a nuestro inservible Chevy y le dije varias veces que lo que pensaba hacer era una barbaridad (…). Durante un rato permanecimos ambos en silencio. Yo tenía la cara oculta entre las manos. Después Belano me preguntó si me había dado cuenta de lo jóvenes que eran los soldados. Todos son jodidamente jóvenes, le contesté, y se matan como si estuviera jugando. No deja de ser bonito, dijo Belano mirando por la ventanilla de los bosques atrapados entre la niebla y la luz. Le pregunté por qué iba a acompañar a López Lobo. Para que no esté solo, respondió (…). Los soldados ya comenzaban a alejarse y allí mismo le dijimos adiós (…). Luego Belano se puso a correr, como si en último instante creyera que la columna se iba a marchar sin él, alcanzó a López Lobo, me pareció que se ponían a hablar, me pareció que se reían, como si partieran de excursión, y así atravesaron el claro y luego se perdieron en la espesura. (Bolaño 2005, 547-548)

Bolaño, ahora bien, no condena este sacrificio —más bien lo ennoblece. Todas las características que ya he insinuado en el héroe bolañano están presentes aquí: valentía, deseos de revolución, y no menos importante, juventud, rasgo que le añade a la escena ciertos tintes escolares. Bolaño encarna en Belano el deseo de mantener aquel fuego de la juventud que hizo que su generación luchara —con una inocencia e ingenuidad irrepetibles— por un mundo mejor. En palabras del propio Bolaño:

> Todo lo que he escrito es una carta de amor o de despedida a mi propia generación, los que nacimos en la década del cincuenta y los que escogimos en un momento dado el ejercicio de la milicia (…) y entregamos lo poco que teníamos, lo mucho que teníamos, que era nuestra juventud (…) porque fuimos estúpidos, generosos, como son los jóvenes, que todo lo entregan y no piden nada a cambio. (Bolaño 2004c, 37-38)

Volviendo a Belano, su heroísmo "adolescente" está irremediablemente asociado con una derrota profunda, anterior (una que no sólo tuvo que ver con un deseo profundo de revolucionar la literatura misma, sino también con los proyectos de cambio social de los años sesenta), la cual, en última instancia, hace que dicho personaje no pueda sobrevivir como ciudadano común y corriente en el mundo neoliberal, carente de valores comunitarios o de proyectos revolucionarios. Es por esa razón que Belano decide inmolarse en África, ahí donde la pelea es la más desesperada y completamente ignorada por el resto del mundo: Belano, parece sugerir Bolaño, nunca se rendirá, y siempre estará apoyando a los valientes donde quiera que estos se encuentren, sin importar si están condenados irrevocablemente al fracaso.

Ahora bien, podría considerarse dicha fijación en la derrota como una negación de la oportunidad para crecer o reflexionar después de la pérdida. En palabras de Magdalena López, por ejemplo, cuando se refiere a la dicotomía perdedor/fracasado propuesta por Amar Sánchez, menciona: "la inmovilidad de una ética particular sugiere cierto estancamiento que resulta improductivo ya que cualquier posibilidad de cambio implicaría una traición (…). Habría aquí cierta actitud que le niega al fracaso la posibilidad de apertura o de diálogo hacia una nueva experiencia" (2015, 21). Pero quizá, justamente, el caso sea que los personajes de Bolaño son, en esencia, *inmaduros*, irrevocablemente tercos. Más sobre esto en breve.

Archimboldi es un caso opuesto, pues es un personaje que *nace* desilusionado, por decirlo de alguna manera. Al contrario de Belano, no forma parte de ningún proyecto revolucionario, sino que, para parafrasear las palabras de Jorge Peña, pareciese discurrir su vida sin una serie de valores fijos ni estables (Peña 2002, 45-46). En este sentido, no hay una gran derrota que marque el destino del personaje en cuestión. Ésta es la primera gran diferencia con Belano.

Los inicios de la vida de Archimboldi, asimismo, se caracterizan por su carácter ahistórico. El tono (por lo menos, inicial) de «La parte de Archimboldi» es aquel del cuento de hadas, y aunque uno, como lector atento, es capaz de detectar ciertos atisbos del auge del nazismo y la creciente amenaza de la inminente guerra, Bolaño presenta a Archimboldi como alguien esencialmente *des*contaminado de su circunstancialidad de época: primero, como un niño obsesionado con las algas; y luego, en su juventud, como alguien que se deja arrastrar por la bohemia berlinesa sin resistencia alguna. Un ejemplo de dicha apatía histórica es un pasaje que refiere a la fiesta de un director de orquesta, en Berlín, antes del estallido de la guerra: Archimboldi asiste junto a sus amigos (Halder y Nisa), y terminará escuchando al director hablar sobre su teoría de "la cuarta dimensión" (la cual, según él, corresponde a la música clásica). A esto, Archimboldi responderá que para aquellos que habitan en la quinta dimensión, la cuarta dimensión no es más que "libros quemados":

> En ese momento el director de orquesta levantó una mano en el aire y dijo o más bien susurró confidencialmente:
> —No hable libros quemados, querido joven.
> A lo que Hans respondió:
> —Todo es un libro quemado, querido director. La música, la décima dimensión, la cuarta dimensión, las cunas, la producción de balas y fusiles, las novelas del oeste: todo libros quemados. (Bolaño 2004a, 832)

La manera en que Archimboldi se conecta con su circunstancialidad histórica no deja de ser especial: en cuanto deja pasar una obvia referencia a la censura nazi (los libros quemados) para en cambio privilegiar un pensamiento que señala la futilidad del presente, una trascendencia que reduce lo cotidiano y lo comúnmente considerado como sublime en la nada misma. Archimboldi pone en la misma categoría la música, las cunas y la producción de "balas y fusiles", siendo esto último un pequeño indicio de que es consciente de la atmósfera belicosa que le rodea. No obstante, considera la realidad concreta más bien absurda, nimia ante un pensamiento superior al cual no tenemos acceso, completamente inane ante el abismo de la existencia misma.

Archimboldi nunca se deja arrastrar por la oleada nazi — algo que, coincidentemente, podría haber significado para él el equivalente a ser parte de un proyecto de cambio social, si bien radicalmente opuesto al cual Belano formó parte. Pero *tampoco*, al menos en su adolescencia, se opone al nazismo de forma activa e inmediata. Como ya se mencionó anteriormente, el ascenso de Hitler al poder nunca es narrado de forma particularmente explícita ni tampoco vivenciada de manera directa en el joven alemán antes del inicio de la guerra: por el contrario, los efectos del nazismo llegan de forma lejana, externa, sin carga ideológica alguna[28]. Aparte de la reveladora mención a los "libros quemados" y fusiles posteriormente citada, y la mención de carreteras siendo construidas (algo, en sí, trivial), el régimen nazi permanece silente en la cotidianidad del joven alemán en su paso de niño a adolescente. Archimboldi, en este sentido, y antes del inicio de la Segunda Guerra Mundial, no es más que un joven obrero, uno que trabaja por un salario mínimo teniendo dos oficios, sin opiniones particulares sobre otras naciones, ni nada cercano a lo que consideramos fascismo, para bien o para mal. Es por esa razón que es un shock, para nosotros los lectores, cuando repentinamente la guerra efectivamente empieza, pues no hay necesario dramatismo en la descripción ni tampoco señales previas demasiado explícitas: nuevamente, el discurso blanco de Bolaño produce un efecto paradojal al narrar un evento —en teoría, traumático— como algo carente de toda trascendencia:

> En 1939 Hans Reiter fue llamado a filas. Tras unos meses de entrenamiento lo destinaron al regimiento 310 de infantería hipomóvil, cuya base estaba a treinta kilómetros de la frontera polaca. El regimiento 310, más el regimiento 311 y el 312, pertenecía a la división de infantería hipomóvil 79, comandada entonces por el general Kruger, que a su vez pertenecía al décimo cuerpo de infantería, comandado por el general Von Bohle, uno de los principales filatelistas del Reich. El regimiento 310 estaba comandado por el coronel Von Berenberg, y constaba de tres batallones. En el tercer batallón quedó encuadrado el recluta Hans Reiter, destinado primero como ayudante de ametralladorista y después como miembro de una compañía de asalto. (Bolaño 2004a, 833-834)

La rapidez del episodio nos dificulta a nosotros, lectores, procesar efectivamente lo que acaba de suceder. La voz del narrador se concentra en tecnicidades (al igual que en los crímenes de Santa Teresa), e, irónicamente, al hacer una operación de *close-up* tan extrema (llena de detalles y datos inanes), perdemos noción de la gravedad de lo que se nos narra. El inicio de la guerra, al ser tratada de forma tan *no sublime,* en este sentido, no supone un gran quiebre con lo que le antecede, sino que, en un efecto estético que busca ocasionar un efecto de *shock* en el lector, se presenta como una continuación armónica, carente de afecto, consecuente con la cosmovisión de Archimboldi hasta el momento, en la cual las cosas parecen simplemente *suceder* (un hecho, a su vez, que debería retraernos también a la actitud inicial de Fate al inicio de su relato).

Archimboldi será, entonces, un soldado nazi, pero uno que reconocerá rápidamente el acentuado absurdo de su nueva situación:

> [F]ue durante aquellos días, mientras caminaban bajo el sol o bajo las primeras nubes grises, enormes, interminables nubes grises que anunciaban un otoño memorable, y su batallón deja atrás aldea tras aldea, cuando Hans pensó que bajo su uniforme de soldado de la Werhmacht él llevaba puesta una vestimenta de loco o un pijama de loco. (Bolaño 2004a, 837)

Esto, aparte de señalar, efectivamente, la locura de la situación que le rodea, tiene un significado más profundo: pues hace referencia a uno de los primeros libros que Archimboldi lee: *Parsifal,* de Wolfram von Eschenbach. En él, Parsifal "en ocasiones cabalgaba (…) llevando bajo su armadura su vestimenta de loco", hecho que a Archimboldi le hace "llorar y retorcerse de la risa". La figura de Wolfram, asimismo, produce en Archimboldi una profunda admiración, en cuanto el primero

> declara no poseer artes, pero no para ser tomado como inculto, sino como una forma de decir que está liberado de la carga de los latines y que él es un caballero laico e independiente. Laico e independiente. (Bolaño 2004a, 822)

Tenemos, entonces, por un lado, una autoidentificación de Archimboldi en relación a Parsifal, lo que nos retrae, metonímicamente, a una asociación también con la figura más bien periférica de Wolfram von Eschenbach. Este último se acerca a la imagen del escritor que Bolaño tanto admira: una fuertemente autodidacta, independiente de cualquier poder superior que pudiese influir y regular su arte —algo, como hemos visto, absolutamente contrario a figuras tales como Ivanóv, o bien, El Cerdo—. Es el primer indicio de la clase de escritor a la que Archimboldi posteriormente representará. Pero, por el otro lado, también, tenemos una tragedia: pues la conciencia del escritor a la cual Archimboldi se refiere (la sensación de llevar vestimentas de loco) es una esencialmente *dolorosa,* en cuanto, como hemos visto, el personaje loco en Bolaño puede vislumbrar muy bien el sinsentido que le rodea y se ve forzado a subsistir en él[29].

La constatación del absurdo de la guerra por parte de Archimboldi hará, eventualmente, que busque el suicidio bajo la falsa imagen de una valentía heroica:

> [A] veces se lanzaba, junto con sus compañeros, a la conquista de una posición enemiga sin tomar la más mínima precaución, lo que le acarreó fama de temerario y valiente, aunque él solo buscaba una bala que pusiera paz en su corazón. (Bolaño 2004a, 876).

Aquella pequeña referencia a la búsqueda suicida de Archimboldi es sumamente significativa, en cuanto es uno de los pocos indicios que el narrador deja escapar para señalar que, efectivamente, hay un conflicto interno en Archimboldi y no es meramente pasivo a los hechos que le rodean.

Llegado a este punto, pareciese no haber salida para el joven Archimboldi. Pues de una cosmovisión netamente nihilista —nada hace sentido, pues nuestras proyecciones simbólicas nunca serán satisfactorias, comprehensivas para el mundo que vivimos— se pasa a un estado de angustia emocional producido por los efectos de la guerra que parecieran sólo poder ser acallados con la muerte. No obstante, se nos despliega a nosotros un episodio que simbolizará, en última instancia, la forma en que Archimboldi hará "las paces" con el absurdo que le rodea, a su vez que connotará el momento definitivo en que se divorcia de la máquina de guerra nazi y adquiere voz propia. El episodio al cual se hace referencia aquí es la lectura del diario de Ansky.

Ya se mencionaba cómo la lectura de Ansky supone un cambio radical en la cosmovisión del joven alemán: primordialmente, por ser el testimonio de alguien que no sólo constata la complejidad y el absurdo de la existencia (como el mismo Archimboldi), sino que también tiene un pie en los conflictos materiales de nuestra realidad concreta. Ansky es un revolucionario soviético —uno que, eventualmente, será perseguido por la misma revolución por la cual luchó— y también, al final de su relato, es un guerrillero anti-nazi. Ansky, en este sentido, es un héroe "vagabundo" más cercano a Belano, congruente también con la figura del *perdedor* que hemos venido refiriendo. Y es la lectura de su diario que produce, finalmente, un quiebre en la cosmovisión de Archimboldi.

Archimboldi, estancado en Kostekino después de recibir un balazo en el cuello que le impide hablar, ha alcanzado su estado más deplorable, tanto física como emocionalmente (tiene pesadillas frecuentes, se despierta gritando) (Bolaño 2004a, 882). Es entonces cuando encuentra el diario de Ansky en una casa abandonada y pasa el resto de sus días en Kostekino leyéndolo y releyéndolo. Ansky, como ya se ha adelantado, se convierte en un soldado del Ejército Rojo a los catorce años, para luego ser asignado a distintas partes de la Unión Soviética haciendo toda clase de trabajos. Eventualmente compartirá habitación con Ivanóv, descubrirá el mundo de la literatura y vivirá un tormentoso romance con Nadja Yurenieva, otra joven militante del partido soviético. Las purgas de Stalin, posteriormente, acabarán con todo: primero, con su ideal de revolución, y luego, en un sentido más material y violento, con sus propias amistades (el reverso de la utopía). Ansky, no obstante, encuentra cierto solazo en el arte, ya sea mediante figuras épicas como Courbet (del cual ya me he referido) o bien por la mera sensación de *belleza* que ésta logra transmitir. Hablando de las pinturas de Arcimboldo (pintor italiano), por ejemplo, Ansky menciona:

> cuando estoy triste o abatido (...) cierro los ojos y revivo los cuadros de Arcimboldo y la tristeza y el abatimiento se deshacen, como si un viento superior a ellos, un viento *mentolado*, soplara de pronto por las calles de Moscú. (Bolaño 2004a, 918)

En este sentido, la literatura y el arte devienen un salvavidas frente a la tragedia y el absurdo del mundo, de manera similar a cómo el joven Marco Antonio Guerra concibe a la poesía.

El final de Ansky, como ya he analizado —su decisión de unirse a las guerrillas antinazis—, acentúa la sensación de absurdo frente a la existencia al mismo que tiempo que reafirma un compromiso con lo real concreto (Bolaño 2004a, 920). En este sentido, encontramos en Ansky (al igual que en Belano) una entrega completa a la lucha, incluso si se pelea en medio de la nada y rodeado del sinsentido. Archimboldi, a su vez, encuentra finalmente un modelo de vida a la cual seguir: una figura que es valiente frente al abismo, soñador frente a lo adverso, resistente frente a lo invencible. La narración de cuando Archimboldi vuelve a Kostekino y duerme en la antigua residencia de Ansky es particularmente significativa al respecto:

> Reiter durmió aquel día en la isba de Ansky y se sintió más cómodo que si hubiera vuelto a su casa. Pero no pudo dormirse enseguida. Se puso a pensar en las apariencias de las que hablaba Ansky en su cuaderno y se puso a pensar en sí mismo. Se sentía libre, como nunca antes lo había sido en su vida, y aunque mal alimentado y por ende débil, también se sentía con fuerzas para prolongar ese impulso de libertad, de soberanía, hasta donde fuera posible. La posibilidad, no obstante, de que todo aquello no fuera otra cosa que apariencia lo preocupaba (...). Sólo el vagabundeo de Ansky no es apariencia, pensó, sólo los catorce años de Ansky no son apariencia. Ansky vivió toda su vida en una inmadurez rabiosa porque la revolución, la verdadera y única, también es inmadura. (Bolaño 2004a, 926)

La primera transformación de Archimboldi está completa: se pasa de un nihilismo existencial esencialmente pasivo a una feroz sensación de independencia, libertad y, sobre todo, *valentía*. Características, como he ido exponiendo a lo largo del presente libro, congruentes con el modelo de joven héroe que Bolaño rescata a lo largo de toda su narrativa. Todo lo anterior, no obstante, y para volver a una idea anterior, marcado por una conciencia de luchar una batalla casi imposible frente a la barbarie y el sinsentido. Pero es la lucha, la entrega y la valentía al final los sentimientos que priman, más allá de los resultados de las "batallas" (sean éstas materiales o simbólicas).

El máximo símbolo de aquel renacimiento es a través de un sueño, en donde el joven Archimboldi finalmente se disocia del régimen nazi después de haber leído el diario de Ansky en su totalidad:

> Una noche soñó que volvía a estar en Crimea. Disparaba su fusil en medio de múltiples humaredas que brotaban aquí y allá como géiyseres. Después se ponía a caminar y encontraba un soldado del ejército rojo muerto, boca abajo, con un arma todavía en la mano. Al inclinarse para darle la vuelta y verle el rostro temía, como tantas otras veces había temido, que aquel cadáver tuviera el rostro de Ansky (…). *Entonces, sin sorpresa, más bien con alivio, descubría que el cadáver tenía su propio rostro, el rostro de Reiter. Al despertar de ese sueño, por la mañana, recuperó la voz.* Lo primero que dijo fue:
>
> —No he sido yo, qué alegría. (Bolaño 2004a, 922; mis cursivas)

Aparte de señalar su propia transformación antes mentada ante la muerte simbólica de su pasado *yo*, el sueño ocasiona que finalmente Archimboldi recupere —o incluso, simbólicamente, *encuentre*—su propia voz. El diálogo "no he sido yo", a su vez, es sumamente significativo: pues la persona muerta *es* efectivamente él, y no obstante, su sensación de verse muerto le ocasiona alivio al no ser Ansky. Aquel "no he sido yo", por tanto, más que referirse a su propia persona, funciona como un símbolo de identificación profunda con el joven soviético. Ni él ni Ansky están muertos en este sentido; o en otras palabras, Ansky está vivo en él (lo que es causa de alegría) y el antiguo Archimboldi ha muerto.

La lectura del diario de Ansky, en resumidas cuentas, es sumamente epifánica y catártica. Cabe destacar, sin embargo, que toda la epifanía de Archimboldi pasa exclusivamente por medio de *la literatura* —la lectura de un diario—: todo el proceso que vive Ansky (y Belano), Archimboldi lo vive vicariamente. Archimboldi, a través de la lectura, pareciese *absorber* la experiencia de ser parte de un proyecto revolucionario, salir derrotado y desilusionarse del mismo, pasar por una etapa de desorientación y vacío, para, finalmente, resignarse a una gesta quijotesca que lo reconcilia con el espíritu revolucionario con el cual se empezó en primer lugar. Archimboldi, asimismo, despojado de proyectos comunitarios al verse rodeado constantemente de la barbarie, nunca vivirá en carne propia el proceso de *pérdida* antes descrito. Su función será entonces, entre otras, transmitir aquel *fuego* de Ansky a través de su propia obra literaria. El símbolo máximo de lo anterior es cuando asume su seudónimo como Archimboldi en honor a la admiración que a Ansky le produce Arcimboldo (con sus efectos emocionales ya previamente analizados).

Si dicha transformación fuese el tema central de la obra de Archimboldi, bien podría terminar su parte después de la lectura del diario de Ansky. Sin embargo, luego de la guerra se nos despliegan nuevas tensiones y contradicciones, las cuales producen otros desafíos para el escritor alemán.

3.2.11. *El problema de la justicia: El asesinato de Leo Sammer*

El cambio de nombre de Hans Reiter a Archimboldi no sólo tiene un sentido de homenaje al diario de Ansky: tiene, además, la funcionalidad de prevenir su captura por parte de las autoridades postguerra. Archimboldi, a pesar de haber luchado como soldado en la guerra nazi y no *matar* a nadie en combate propiamente tal (algo en sí bastante difícil), sí es, no obstante, responsable de un asesinato: aquel de Leo Sammer. Éste último, tal como expuse anteriormente, fue un funcionario nazi causante de la muerte de cientos de judíos en un pueblo polaco. Preso en el mismo campamento de prisioneros que Archimboldi (y haciéndose pasar por otra persona), le revela, en una noche de angustia, toda su historia al futuro escritor alemán. Poco tiempo después, el propio Archimboldi le ahorca cuando nadie les vigila y posteriormente escapa del campo de concentración. Creyendo ser buscado por las autoridades norteamericanas y alemanas por su asesinato, deja el nombre de Hans Reiter para convertirse en Benno von Archimboldi (Bolaño 2004a, 981).

Ante la (muy posterior) confesión de su asesinato frente a Ingeborg, esta última le pregunta a Archimboldi acerca de cómo se siente con respecto a su homicidio, a lo que él da una respuesta ambivalente:

> Finalmente Ingeborg le preguntó si estaba arrepentido y Reiter hizo una señal con la mano que podía significar cualquier cosa. Después dijo:
> —No.
> Y añadió tras un largo intervalo: a veces sí y a veces no. (Bolaño 2004a, 970)

Podría compararse dicho conflicto interno con el final de *Estrella distante*, en cuanto el asesinato de Wieder es una resolución satisfactoria nada más que a medias[30]. Pues, al igual que Harry Magaña en Santa Teresa, quien se acerca y enfrenta a los asesinos de mujeres usando métodos "fuera de la ley", Archimboldi mata a Leo Sammer motivado principalmente por un deseo de justicia que está ausente en la institucionalidad. Esto último es posible deducir a partir de la lectura de la novela: si Archimboldi no hubiese tomado "justicia" por sus propias manos, probablemente Sammer no hubiese recibido castigo alguno: "los norteamericanos buscaban criminales de guerra con un cierto prestigio, gente de los campos de exterminio, oficiales de la SS, peces gordos del partido. Y Sammer era sólo un funcionario sin mayor importancia" (Bolaño 2004a, 972). No obstante, la ambivalencia de Archimboldi con respecto a su asesinato connota su indecisión con respecto a su acto en términos éticos: no puede desprenderse de la figura de Sammer, la cual vuelve a aparecer en su consciencia una y otra vez. En las propias palabras de Archimboldi: "tenía la impresión de que el fantasma de Sammer estaba pegada a mi sombra" (Bolaño 2004a, 971-972). La resolución de su conflicto interno, a su vez, también será satisfactoria a medias: pues la solución que le otorga una adivina a la cual él va visitar es básicamente la *huida*, consejo que oirá Archimboldi. En las palabras de la primera: "es necesario que no vuelvas nunca más al lugar del crimen. Es necesario que rompas la cadena" (Bolaño

2004a, 973). Hans Reiter, aparte de no volver, efectivamente, al "lugar del crimen", asumirá entonces definitivamente su identidad de ahí en adelante como Benno von Archimboldi, en una operación equivalente a un borrón y cuenta nueva.

Un pequeño detalle, quizá insignificante ahora, pero que retomaremos un poco más adelante: en aquel significativo encuentro con la adivina, Archimboldi recibe como regalo por parte de la vieja una chaqueta de cuero y cuello alto con la cual siempre se le asociará de ahí en adelante. Según la adivina, dicha chaqueta podría haber pertenecido "a un esbirro de la Gestapo" (Bolaño 2004a, 974), descripción que se repetirá en la historia del escritor suavo en «La parte de los críticos» cuando se refiera a la chaqueta de Archimboldi: "una chaqueta que evocaba, no sé por qué, a las que usaban algunos policías de la Gestapo" (Bolaño 2004a, 35). La asociación de la vestimenta de Archimboldi con la Gestapo no es fortuita: pues Archimboldi, de manera simbólica, al matar a Leo Sammer, *ha legitimado*, al menos parcialmente, el uso de la violencia desregulada para la consecución de su idea privada de justicia. Si bien es cierto que Sammer ha recibido un castigo por sus actos horrendos, se infiere que el propio Archimboldi no ha salido indemne del proceso: pues el acto de llevar una chaqueta asociada a la Gestapo connota la pérdida de la pureza en el joven alemán, una *mancha* en su historial de no matanzas en la guerra misma, una rendición parcial ante la violencia y barbarie contra la cual supuestamente se combate. La chaqueta, en este sentido, nos sirve como una ventana hacia el lado oscuro del propio Archimboldi y como un símbolo de la paradoja interna que se le ha presentado a él al matar a Sammer. Dicha "culpabilidad" de Archimboldi volverá a entrar al juego hacia el final de la novela, punto al cual volveré en breve.

En resumidas cuentas, podemos presenciar un divorcio profundo entre un sentido de justicia abstracto y la institucionalidad propiamente tal —esta última, al fin y al cabo, presentándose como inoperante, negligente y a veces derechamente corrupta (las autoridades de Santa Teresa siendo el ejemplo más explícito de lo anterior). Recae entonces la labor de la justicia en individuos singulares, tales como Magaña o el propio Archimboldi, para efectivamente cumplirla. No obstante, aquella justicia singular no está libre de conflictos. En primer lugar, si bien Magaña no siente remordimiento alguno, Archimboldi, figura más cercana a lo que entendemos por un héroe, sí lo siente. La pregunta acerca de si su justicia personal es éticamente reprochable o no es algo que Bolaño deja *abierto*, puesto que la respuesta del joven alemán es, esencialmente, *huir* de su pasado, convertirse en *otro*, sin afrontar las consecuencias de su acto de manera directa. En segundo lugar, la pregunta acerca de si la justicia individual, no regulada, es efectivamente *exitosa* también entra en juego: puesto que el accionar de Harry Magaña, por ejemplo, no contribuye, en última instancia, a mejorar la situación de Santa Teresa en lo más mínimo; y el asesinato de Leo Sammer por parte de Archimboldi, tal como él mismo deja entrever, tampoco ha contribuido a nada de lo que pudiésemos concebir como una sociedad más justa o quizá más tolerante. Ambos personajes, en este sentido, cometen acciones violentas desreguladas que no tienen efecto gravitante en la totalidad de *2666*. Un dilema, en este sentido, sin solución la novela misma.

3.2.12. Entrar al juego: La literatura como mercancía

Pero el dilema de la concretización de la justicia no será el último que afrontará Archimboldi. Otra de las grandes paradojas que afrontará el escritor alemán será conjugar su condición de escritor antisistémico, marginal y anti-hegemónico con su creciente fama y éxito —en lo que es un paralelo evidente con la vida y experiencia del propio Bolaño.

Después de todo el proceso epifánico que Archimboldi experimenta luego de la lectura del diario de Ansky —aquella identificación con una figura joven, idealista y aguerrida analizada anteriormente—, uno esperaría que el joven alemán siguiera los pasos de vida de personajes tales como Arturo Belano o Ulises Lima, quienes son, al fin y al cabo, carácteres muy parecidos a Ansky —sobre todo en lo relacionado a un cierto espíritu nómada, marginal, pero también muy valiente. Y así será por algún tiempo: Archimboldi trabajará en trabajos esporádicos, sobreviviendo apenas junto a su novia Ingeborg. Todo cambiará una vez que uno de sus manuscritos sea aceptado por la editorial del señor Bubis y empiece a recibir apoyo económico por parte de la editorial, lo cual producirá profundos efectos en el escritor alemán: "Durante algunos días Archimboldi anduvo como mareado de felicidad. En la editorial *creen* en mí, se repetía en voz alta" (Bolaño 2004a, 1024).

Archimboldi, digamos, nunca concibe la literatura —*su propia* literatura— como una obra sublime o trascendental. Por el contrario, ella tiene un carácter marcadamente material. En palabras del mismo Archimboldi:

> [E]n el tercer compartimento estaban sus propios libros y sus proyectos de libros futuros, que veía como un juego y que también veía como un *negocio*, un juego en la medida del placer que experimentaba al escribir (…) y *un negocio en la medida en que la publicación de sus obras contribuía a engordar, aunque fuese modestamente, su salario como portero de bar*. (Bolaño 2004a, 1023; mis cursivas)

En este sentido, Felipe Ríos Baeza menciona que la representación del oficio del escritor en Bolaño discurre en lo

> inmediatamente mundano y práctico (…). Devolviéndole la impronta de un trabajo como cualquier otro, remunerado y regateado, el ejercicio de la literatura [pierde] paulatinamente esa aura de exaltación. (2013, 96)

Según Enrique Vila-Matas, a su vez,

> Bolaño vino a comentar (…) las tres escuetas posibilidades rancias que se abrían para cualquier escritor contemporáneo: acoplarse a las reglas del mercado (esa multitud de grises escritores competentes); sustraerse por completo y continuar una labor subterránea y desconocida (…) o el Belano del relato "Enrique Martín", entrar en la industria editorial, pero sin aceptar del todo sus reglas, flirteando con ella y quebrando alguno de sus códigos. (Vila-Matas 2013, 93)

Archimboldi correspondería a la última opción: en alguien que entra en el juego "a medias". Por un lado, conserva su independencia como individuo (no está al servicio de ninguna agencia o estado, como sí lo están, por ejemplo, El Cerdo o Ivánov) y podemos presumir, a partir de las continuas nominaciones a premios, que escribe algo parecido a lo que concebimos como "literatura de calidad"; no obstante, por el otro lado, ha aceptado, en cierto modo, reemplazar su aura de escritor romántico por una profesional —una que no tiene miedo en pedir adelantos, en ser consciente del *precio* que vale su literatura. A modo de ejemplo:

> [P]oco tiempo después de enviarle el contrato por *Bifurcaria bifurcata* [Bubis] recibió una carta de Archimboldi en la que éste no se mostraba en absoluto de acuerdo con el anticipo que el señor Bubis pretendía pagarle (...). En la carta Archimboldi le decía que esperaba recibir un anticipo *al menos* de la misma cuantía que el que había recibido por *Ríos de Europa*. (Bolaño 2004a, 1035)

Archimboldi, en otras palabras, deviene un trabajador profesional que produce una *mercancía* que él mismo acepta como tal y conscientemente pone en circulación en un mercado público.

Lo que tenemos entonces, en términos de rendición frente al mercado, es un sujeto en término medio, en lo que se sospecha fueron los sentimientos del propio Bolaño al final de su vida (si bien aquí especulo): alguien que, en sus fueros internos, se sabe diferente, posee un conjunto de valores que se oponen a la crudeza del mercado; y no obstante, se ve obligado a comprometerlos, por lo menos parcialmente, para su subsistencia. Volviendo a la división que Enrique Vila-Matas efectúa, pero aplicada a *2666*, Archimboldi se encontraría entonces en un punto intermedio entre las figuras de Ansky (el escritor marginal) e Ivanóv (el escritor institucional).

Esto no es, como pudiera pensarse, una síntesis armoniosa, sino una especie de "tregua", un pacto lleno de tensión. Parece adecuado recurrir a la caracterización que hace Franco Moretti sobre el *Bildungsroman* en su libro *The Way of the World* para profundizar lo anteriormente dicho, en cuanto la larga travesía de Archimboldi bien podría ser considerada una breve novela de formación. En el trabajo del crítico italiano, éste argumenta cómo la esencia del paso de la juventud a la adultez en la novela de formación romántica es una negociación entre los valores idealistas y utópicos que usualmente se asocian con la adolescencia con una visión mucho más pragmática y cruda de la ideología burguesa. Si bien hay ciertos *Bildungsroman* románticos que tienen un marcado tinte de tragedia —los cuales son, para resumirlos en una frase, aquellos en donde los protagonistas son incapaces de transar su idealismo y cuyo desenlace generalmente es el suicidio—, para aquellos cuyo cierre es más "satisfactorio" siempre hay un grado de *tregua* entre los valores del mundo de la juventud y aquellos de la adultez. En palabras de Moretti: "Far less ambiguous than synthesis, [the] other solution is *compromise*" (1987, 9). Y aquí la palabra "compromiso" —en oposición a "síntesis"— es de vital importancia: pues la segunda supone una conjunción de cosmovisiones más bien armoniosa, sin conflicto; el *compromiso*, por el contrario, connota un pacto en el cual no se han resuelto las diferencias, sino que simplemente se ha decidido *acallarlas* por un bien mayor. El compromiso, en este sentido, siempre implica una negociación, en el sentido que ningún bando puede ser llamado "victorioso". El peligro latente de dicho status, no obstante, es que las contradicciones y paradojas internas terminen por estallar, por hacerse evidentes. En este sentido, es una tregua frágil, un matrimonio al borde del divorcio, una bomba de relojería.

Este es el proceso (espiritual, emocional) que vive Archimboldi en su paso de escritor marginal a uno reconocido, y es, en última instancia, un rasgo definitorio que lo aleja definitivamente de los anteriores héroes bolañanos. Pues mientras Arturo Belano y Ulises Lima, para poner los ejemplos más evidentes, hacen del vagabundeo y su condición marginal un estilo de vida que persiguen de forma consciente y aventurada, Archimboldi, por el contrario, eventualmente *cede*, al menos parcialmente, en lo que quizá sea, efectivamente, en términos de Magdalena López, una nueva forma de procesar la derrota alejada de la "inmadurez rabiosa" de sus antecesores.

Como coda final: el final de Archimboldi —escritor consagrado, viviendo en islas perdidas en el Mediterráneo, sin muchas preocupaciones— vuelve a marcar el regreso a la esfera de la cultura letrada en el movimiento quiasmático que hace la misma novela. De ahí al mundo de los críticos presentado en la primera parte sólo hay un paso. No obstante, y como ya hemos argumentado, ya no es posible volver a contemplar el mundo europeo, civilizado y letrado, de la misma manera. Pues ya hemos sido testigos de su barbarie de manera cabal, la cual, de manera fantasmagórica, sigue dando vueltas en sus espacios, en todos sus rincones.

3.2.13. *El retorno a México: La serpiente se muerde su propia cola*

Al contrario de Belano, quien vuelve a la lucha armada por su propia voluntad, el retorno de Archimboldi a la barbarie es un retorno forzado: es la culpa retroactiva, metafóricamente el padre haciéndose cargo de los pecados del hijo.

Ya hacia el final de «La parte de Archimboldi», Lotte, su hermana menor (largamente desaparecida en la diégesis) vuelve a hacer acto de aparición. Separada de su hermano desde la Segunda Guerra Mundial, se nos narra brevemente su vida como adolescente alemán postguerra, su posterior matrimonio con Werner, su vida en su taller mecánico y el nacimiento de su único hijo, Klaus Haas. Este último, como ya bien sabemos, abandonará eventualmente la casa de sus padres para probar suerte en Estados Unidos. Después de unos años de silencio, Lotte se enterará, a través de un escueto telegrama, que Klaus se encuentra preso en Santa Teresa, acusado de cometer múltiples feminicidios, lo que ocasionará una serie de viajes por su parte para visitar a su hijo y proporcionarle su apoyo (calidez, cabe destacar, recibida fríamente por parte de Klaus). Lotte, eventualmente, en uno de los tantos viajes de regreso a Alemania, comprará por azar *El rey de la selva*, novela de Archimboldi: la leerá en el avión y descubrirá que lo que se describe calza perfectamente con su familia y su infancia. Es entonces cuando reconocerá que el tal Benno von Archimboldi no es otro sino su hermano largamente perdido, Hans Reiter, y decidirá contactarlo. Lotte, luego de finalmente reunirse con su hermano, le pide a éste último que "se ocupe de todo", refiriéndose a la complicada situación de Klaus Haas en Santa Teresa. Archimboldi aceptará, y luego de tener una breve conversación en un parque de Hamburgo con el descendiente del creador de los helados Fürst Pückler, partirá a México. Es el fin de «La parte de Archimboldi» y el fin de la novela: *2666* vuelve a comenzar.

Si este era el pretendido final de *2666* o bien Bolaño no tuvo tiempo para hacer uno más elaborado es un asunto que estará siempre fuera de nuestro alcance; no obstante, como cierre efectivo de *2666*, obtiene cierto valor simbólico, pues la trivialidad y el humor subvierten todo sentido de lo sublime y de clausura. En aquel pasaje final, el descendiente del creador de los helados fürst Pückler (Alexander fürst Pückler), en tono más bien informal y despreocupado, le comenta a Archimboldi lo curioso del legado de su antepasado, el cual, aparte de ser el creador de dicho helado (o más bien, el creador de la *combinación* de los tres sabores distintos que lo componen), había sido un hombre ilustrado no carente de méritos; habiendo, por ejemplo, escrito un par de libros de crónicas y sido un dedicado botánico. Alexander, finalmente, comenta:

> Ya nadie recuerda al fürst Pückler botánico, nadie recuerda al jardinero ejemplar, nadie ha leído al escritor. Pero todos, en algún momento de su vida, han saboreado un fürst Pückler, que son especialmente atractivos y buenos en primavera y en otoño (…). Vaya legado más misterioso, ¿no cree usted?. (Bolaño 2004a, 1118-1119)

El humor no está ausente cuando se describe un hombre, si bien no brillante, culto y dotado de cierta profundidad, cuya única contribución a la humanidad memorable, al fin y al cabo, es haberle dado un nombre a un helado particularmente popular. Es, al final, un chiste sobre lo arbitrario del legado de los hombres y cómo la literatura, la cual usualmente es vista como un salvoconducto hacia la inmortalidad, no necesariamente significa un pasaje hacia la vida eterna[31]. Eso por un lado; pero ahora bien, considerando que el fin del pasaje culmina con Archimboldi yéndose hacia México, el tiempo circular también se hace manifiesto hacia el final del pasaje en cuestión, en cuanto, como ya mencionaba, dicha acción connota el regreso hacia el statu quo del inicio de la novela, la vuelta al punto de partida del quiasmo: Archimboldi perdido en México.

Cabe destacar que dicha circularidad temporal no sólo está presente en la estructura quiasmática de la novela como un todo, sino que puede percibirse reiteradamente en todo lo que concierne a la (re)aparición de la barbarie. La estadía en el castillo de Rumania, por ejemplo, en «La parte de Archimboldi», es una muestra de aquello. En dicha escena, Archimboldi (enrolado en el ejército nazi alemán) sirve como guardia para una selecta agrupación de variados miembros de la aristocracia e intelectualidad alemana —más algunos oficiales de la SS—, los cuales deciden pasar una temporada en dicho castillo. Al poco tiempo de la estadía, a nosotros, como lectores, se nos va progresivamente haciendo más claro que la elección del castillo como sede no es fortuita, en cuanto corresponde, si no a la residencia de la figura mítica de Drácula, por lo menos a su equivalente histórico. Lo que sucede entonces es una intersección entre dos temporalidades cuyo rasgo principal es la emergencia de la barbarie: por un lado, la "actualidad" histórica de la Segunda Guerra Mundial (estando el frente de batalla a pocos kilómetros del castillo de Rumania), y por la otra, las barbaries ya lejanas producidas por el supuesto conde Drácula. Las palabras de un ex-capitán alemán que refieren a aquella estadía en el castillo de Rumania hacen referencia explícita a aquella barbarie pasada:

> —Los huesos, los huesos —murmuró el capitán mutilado—, ¿por qué el general Entrescu nos hizo detenernos en un palacio cuyos alrededores estaban plagados de huesos? (...). Dondequiera que caváramos encontrábamos huesos (...). Los alrededores del palacio rebosan huesos humanos. No había manera de cavar una trinchera sin encontrar los huesecillos de una mano, un brazo, una calavera. ¿Qué tierra era ésa? ¿Qué había pasado allí? (Bolaño 2004a, 1070)

Aquella imagen de una tierra plagada de cadáveres vuelve a reforzarse más adelante por medio del relato de Leo Sammer. Este último, una vez que ya ha decidido "encargarse" de los judíos, se dispone a fusilarlos en grupos pequeños para luego enterrar sus cuerpos en una hondonada cerca de su pueblo. En un momento se hace claro la sobresaturación de muertos: simplemente no hay *espacio físico* para seguir enterrándolos:

> Empezamos a cavar. Al cabo de poco rato, oí que un viejo granjero llamado Barz gritaba que allí había algo. Fui a verlo. Sí, allí había algo.
> —¿Sigo cavando? —dijo Barz.
> —No sea estúpido —le contesté—, vuelta a taparlo todo, déjelo tal como estaba.
> Cada vez que uno encontraba algo le repetía lo mismo. Déjelo. Tápelo. Váyase a cavar a otro lugar. Recuerde que no se trata de encontrar sino de *no* encontrar. Pero todos mis hombres, uno detrás de otro, iban encontrando algo y efectivamente (…) parecía que en el fondo de la hondonada ya no había sitio para nada más. (Bolaño 2004a, 955-956)

La imagen de la tierra plagada de cadáveres, por tanto, es algo que ya ha sucedido antes (los tiempos del "Conde Drácula"); es algo que sucede en la actualidad de «La parte de Archimboldi» (el Holocausto recién mencionado) y es algo que nosotros, como lectores, sabemos que pasará en el futuro (los feminicidios de Santa Teresa largamente descritos en «La parte de los Crímenes»). La barbarie, en este sentido, tiene un sentido circular, reiterativo, que reaparece en distintos momentos históricos y vuelve a actualizarse bajo distintas formas. Un pasaje en particular, en lo que refiere a la unión de las tres barbaries históricas, deja esto aún más claro, sobre todo en el sentido de premonición de la barbarie a venir: la baronesa Von Zumpe, en la velada ya descrita, habla sobre un pretendiente de su tía ("un ser aborrecible") que es también un pintor. Sobre su arte, menciona: "Sus cuadros berlineses quedaron en el poder de mi padre, quien no tuvo fuerza para quemarlos. Una vez le pregunté cómo eran. Mi padre me miró y dijo que sólo eran mujeres muertas. ¿Retratos de mi tía? No, dijo mi padre, otras mujeres, todas muertas" (Bolaño 2004a, 853). Halder (pues ese es su nombre), a través de su arte, es capaz de prever entonces la tragedia futura; la misma tragedia, en esencia, que se vive en la Segunda Guerra Mundial y que se arrastra desde tiempos inmemoriales[32].

3.2.14. *Archimboldi y Klaus: Coda*

Dejando de lado la ya referida irónica y burlona falta de clausura que presenciamos en los últimos pasajes, el viaje de Archimboldi a México es sumamente simbólico, puesto que el parentesco de Klaus y Archimboldi no es fortuito. Ya señalábamos antes como la chaqueta Gestapo de Archimboldi, adquirida poco tiempo después del asesinato de Leo Sammer, simbolizaba una mancha en la otrora pureza de Archimboldi, una ventana hacia su lado violento, a pesar de su aparente postura antibélica. Klaus Haas, a su vez, y si bien su culpabilidad en muchos de los asesinatos que se le imputan es al menos discutible, es, no obstante, el asesino "oficial" de las muertas de Santa Teresa, y probablemente responsable de alguna atrocidad de las cuales se le acusa. Lo que une a tío y sobrino, en este sentido (aparte del obvio hecho de compartir vínculos sanguíneos y de poseer la misma nacionalidad) es la *violencia*: Archimboldi en relación a su participación en la Segunda Guerra Mundial y su posterior asesinato de Sammer; y Klaus, como ya decíamos, por los feminicidios masivos en la ciudad mexicana. Archimboldi, por tanto, está relacionado *familiarmente* con la barbarie: Klaus Haas es, después de todo, su sobrino. De hecho, Bolaño insinúa que la potencialidad de *haber sido* Klaus Haas siempre estuvo presente en Archimboldi, como lo demuestra el siguiente intercambio con su novia, Ingeborg:

> —En ocasiones —dijo Ingeborg—, cuando estamos haciendo el amor y tú me coges del cuello, he llegado a pensar que eras un asesino de mujeres.
> —Nunca he matado a una mujer —dijo Reiter—. Ni se me ha pasado por la cabeza. (Bolaño 2004a, 970)

Archimboldi no es Haas, eso está claro, pero el mismo instinto barbárico corre por sus venas. Al igual que la ya mencionada cercanía entre literatura y barbarie presente en *Nocturno de Chile*,

Bolaño nos muestra la poca distancia entre el mundo literario (Archimboldi) y el barbárico (Klaus), su proximidad oculta. Como para prevenirnos que nada es puro, que el reverso de lo que consideramos civilizado y/o utópico puede estar siempre a la vuelta de la esquina, o incluso vivir dentro de nosotros mismos como posibilidad latente, dormida pero siempre existente.

    Archimboldi no es Haas, reiteramos, pero pudo haberlo sido. Sólo bastaba un paso en la dirección incorrecta.

4
Notas

Capítulo 2

1. El término "global", con relación a la literatura secundaria existente en torno a la obra de Bolaño, muchas veces es usada de la misma forma que el calificativo "mundial". Se usará a ambas de manera equivalente a menos que se explicite lo contrario.
2. Rodrigo Fresán, Edmundo Paz Soldán, Santiago Gamboa, Jorge Volpi e Ignacio Padilla son los nombres que Bolognese nombra cuando se refiere a aquella mítica reunión en Sevilla donde los preceptos literarios de dicha generación fueron definidas en conjunto.
3. Los nombres elegidos por Hoyos son Roberto Bolaño, Diamela Eltit, César Aira, Chico Buarque, Fernando Vallejo, Mario Bellatin y Jorge Volpi, entre otros.
4. La edición de *2666* por parte de Alfaguara en el año 2016 incluye en sus páginas finales una serie de apuntes y bosquejos por parte del escritor chileno que develan —aunque sea fragmentariamente— su concepción de la novela y sus cinco partes como una unidad indivisible. Ejemplos de lo anterior son listas de personajes en donde no hay distinciones entre las cinco subsecciones o bien bosquejos de leitmotivos presentes a lo largo de toda la novela; véase Bolaño 2016a, 1217-1234.
5. A modo de referencia, véase Ossandón (entrevista) o bien Swinburn (entrevista).

6   Para autores que han tratado la cuestión digresiva en Roberto Bolaño, véase, a modo de referencia, «¿Siameses o dobles? Vanguardia y postmodernismo en *Estrella Distante* de Roberto Bolaño» de Jeremías Gamboa Cárdenas (2008), «Digresión y subversión del género policial en *Estrella Distante* de Roberto Bolaño» de María Paz Oliver (2012), *Roberto Bolaño's Fiction: an Expanding Universe* de Chris Andrews (2014) y «2666 de Roberto Bolaño: el resto del todo y el tiempo del fin» de Peter Elmore (2015).

7   Belano, el narrador de la historia, usa dicha metáfora al relatar uno de sus sueños relativos a la búsqueda de Wieder: «Cuando desperté, seis horas después, estaba fresco y descansado y con ganas de seguir leyendo o releyendo (o adivinando, según fuera el idioma de la revista), cada vez más involucrado en la historia de Wieder, que era la historia de algo más, aunque en ese entonces no sabía de qué. Una noche incluso tuve un sueño al respecto. Soñé que iba en un gran barco de madera, un galeón tal vez, y que atravesábamos el Gran Océano. Yo estaba en una fiesta en la cubierta de popa y escribía un poema o tal vez la página de un diario mientras miraba el mar. Entonces alguien, un viejo, se ponía a gritar ¡tornado!, ¡tornado! pero no a bordo del galeón sino a borde de un yate o de pie en una escollera. Exactamente igual que en una escena de *El bebé de Rosemary*, de Polanksy. En ese instante el galeón comenzaba a hundirse y todos los sobrevivientes nos convertíamos en náufragos. En el mar, flotando agarrado a un tonel de aguardiente, veía a Carlos Wieder. Yo flotaba agarrado a un palo de madera podrida. Comprendía en ese momento, mientras las olas nos alejaban, que Wieder y yo habíamos viajado en el mismo barco, sólo que él había contribuido a hundirlo y yo había hecho poco o nada por evitarlo» (Bolaño 1996, 130-131).

8   Kraniauskas y Deckard proponen una división genérica ligeramente distinta. El primero, por ejemplo, postula que los géneros de *2666* son los siguientes: «the campus-like romance, the philosophical novel, the investigative/sports novel, the crime novel and the literary war/historical novel»; véase "A monument to the unkown worker: Roberto Bolaño's *2666*", *Radical Philosophy* 200, (noviembre-diciembre 2016): 42. Deckard, por su parte, en «Peripheral Realism, Millennial

Capitalism, and Roberto Bolaño's *2666*», cualifica a «La parte de los críticos» como una novela de campus, a «La parte de Amalfitano» como un thriller filosófico, «La parte de Fate» como una novela de viaje *beat*, «La parte de los crímenes» como una novela detectivesca y «La parte de Archimboldi» como una *Künstlerroman* o bien una novela histórica (356).

9   Todas las citas de *2666* presentes en este libro están sacadas de la edición del año 2004 de la editorial Anagrama (entrada 2004a en la bibliografía).

10 Refiérase a la "Nota" de Ignacio Echevarría ya citada en el presente libro en la página 17.

11 A modo de referencia, véase *Trama de una injusticia: feminicidio sexual sistémico en Ciudad Juárez* de Julia Monárrez Fragoso (2009) y *More or Less Dead: Feminicide, Haunting, and the Ethics of Representation in Mexico* de Alice Driver (2015).

12 Para un detallado cuadro comparativo entre los casos reales de feminicidios y las ficciones que Bolaño erige en torno a ellos, véase el apéndice en *Roberto Bolaño's Fiction: An Expanding Universe* de Chris Andrews (2014).

13 Véase, respectivamente, *Telling the Truth: The Theory and Practice of Documentary Fiction* (2010) de Barbara Folley y *Testimonio: On the Politics of Truth* (2004) de John Beverley.

14 La anterior aseveración, si bien aplica a la mayoría de la novela, no está exenta de excepciones. Por ejemplo, el narrador opinará en medio del relato de Amalfitano que «la locura es contagiosa, *en efecto*, y los amigos, sobre todo cuando uno está solo, son providenciales» (Bolaño 2004a, 229; mis cursivas). Asimismo, muy esporádicamente, podemos encontrar pequeños signos de subjetividad en la narración misma: "Y llegamos, *finalmente*, a la hermana de Archimboldi, Lotte Reiter" (Bolaño 2004a, 1082; mis cursivas); y, "Cuando llegó el año 2001 se encontraba dispuesta para emprender otro viaje a México, aunque su salud, pese a todos los cuidados que tomaba, ya no era la de antes. Y sus nervios, *como se verá a continuación*, tampoco" (Bolaño 2004a, 1111; mis cursivas).

15 Veanse, a modo de referencia, los estudios «The Uses of *Madame Bovary*» (1984) y «Flaubert: The Uses of Uncertainty» (2005) de Jonathan Culler al respecto (1984, 2005).

16 Nos basamos aquí en los postulados de Fredric Jameson en su clásico estudio *Postmodernism, or, The Cultural Logic of Late Capitalism* (1991).

17 Por supuesto, lo anterior es una necesaria generalización (es cosa de ir a Flaubert para empezar a problematizar lo dicho); no obstante, tal como expone Auerbach, por ejemplo, el mismo Balzac consideraba su escritura una forma de hacer "historia de las costumbres", con la misma validez en relación con lo real concreto que la misma historia oficial; véase *Mimesis: La realidad en la literatura* (Ciudad de México: Fondo de Cultura Económica, 1950), 448.

18 Al respecto, Lukács dice en *The Historical Novel...*: "[t]he naturalist writers set themselves a Sysiphus-like task, for not only do they lose the totality of an artistically reflected world by producing simply an extract, and inwardly incomplete fragment, but not even the greatest naturalistic accumulation of detail can possibly reduce adequately the infinity of qualities and relations possessed by one single object of reality" (Lukács 1962, 139). Es irónico que la corriente naturalista, a la cual Lukács critica fuertemente, haya sido también la principal tradición literaria contra la cual las vanguardias y el modernismo *reaccionaron:* la pretendida cientificidad y objetividad de los naturalistas a la hora de retratar lo real concreto fueron vistas esencialmente como algo artificial, engañoso y ciegamente mecánico, posición que, a fin de cuentas, no se distancia mucho de las críticas del propio Lukács.

19 Al respecto, ver artículo de Myrna Solotorevsky titulado «Estética de la totalidad y la estética de la fragmentación» (1996).

20 Para un análisis detallado de las expresiones culturales relativas a los feminicidios de Ciudad Juárez, véase *More or Less Dead: Feminicide, Haunting, and the Ethics of Representation in Mexico* (2015) de Alice Driver.

21 Excepciones a esta afirmación, aparte del ya mentado sintagma Ciudad Juárez/Santa Teresa, son, para empezar, el pueblo natal de Hans Reiter/Archimboldi, cuyo nombre nunca se menciona directamente

sino que es descrito con ojos infantiles, al igual que otras aldeas cercanas ("La aldea de los hombres rojos", "La aldea de las mujeres azules"; "El pueblo de los gordos"; etc.). Dado a la cercanía de la aldea de Reiter con el mar, podemos deducir que su pueblo se encuentra en el norte de Alemania, y que el mar en cuestión es el Mar del Norte o bien el Mar Báltico. No obstante, la no mención explícita del pueblo natal de Reiter es radicalmente distinta al cambio de nombre de Ciudad Juárez: pues el inicio de «La parte de Archimboldi» es en cierto modo reminiscente del comienzo de la obra maestra de Joyce, *Retrato del artista adolescente:* el lenguaje (siempre en tercera persona) se acopla a la cosmovisión del personaje en el cual se enfoca —en este caso, un niño. El cambio de Ciudad Juárez a Santa Teresa tiene otro sentido radicalmente distinto, como pronto espero detallar.

Capítulo 3

1   Albert Kessler está basado en Robert Ressler, agente del FBI con experiencia de vida idéntica a su *alter ego* ficticio. Ressler, al igual que Kessler, adquirió fama al acuñar el término "asesino serial", ser fundamental para la captura de estos últimos, y, al igual que su contraparte en *2666*, trabajar en la confección de películas cuyo foco principal son psicópatas norteamericanos.

2   Con respecto al nombre inevitablemente simbólico ("La-lo-Cura"), es mi parecer que se ha tomado este juego de palabras de manera más seria de lo que la propia escritura sugiere. Es más, los mismos personajes de *2666* se dan cuenta inmediatamente del juego de palabras y lo explicitan enseguida: "Lo has oído, Epifanio? Lo he oído, dijo Epifanio (…). ¿Lalo Cura?, dijo el jefe de policía. Sí, señor, dijo el muchacho. Es una vacilada, ¿verdad? No, señor, así me dicen mis amigos, dijo el muchacho. ¿Lo has oído, Epifanio?, dijo el jefe de policía. Pues sí, lo he oído, dijo Epifanio. Se llama Lalo Cura, dijo el jefe de policía, y se echó a reír. Lalo Cura, Lalo Cura, ¿lo captas? Pues sí, está claro, dijo Epifanio, y también se rió. Al poco rato los tres se pusieron a reír" (Bolaño 2004a, 483). En este sentido, se ironiza desde un principio con la capacidad simbólica que pudiese tener el nombre

del personaje. Las implicancias de la locura y los personajes asociados a ella se discutirán en apartados subsiguientes.
3   Ciudad ficticia.
4   Para ver el concepto de "fracasado" y su oposición a aquel de "perdedor", véase la distinción que hace Amar Sánchez en *Instrucciones para la derrota: narrativas éticas y políticas de perdedores* (2010) y se describe en el presente libro en la página 128.
5   En relación al detective de la novela negra, Daniel Link menciona: «en la medida en que el detective permanece al margen de las instituciones del Estado, y hasta se les enfrenta, su estatuto será cada vez más sustancial y menos formal. A la legalidad formal del policía (siempre predicada por la inepcia), el detective opone la legalidad sustancial de su práctica parapolicial, sólo sujeta a los valores de su propia consciencia». Véase Daniel Link, comp., *El juego de los cautos. Literatura policial: de Edgar A. Poe a P.D. James* (Buenos Aires: Alfavet Ediciones, 2003), 7.
6   Si bien, nuevamente, no deberían singularizarse como *los* asesinos de Santa Teresa. Una frase tan trivial como "la chamba dura la hago yo" connota que el personaje en cuestión (aquel que saca un "bulto" debajo de una cama) no es nada más que un peón en una red mucho mayor, en la cual su rol, tal como un obrero de la maquiladora, es hacer, efectivamente, "la chamba dura", el trabajo pesado. Las insinuaciones posteriores que ligan los asesinatos al narcotráfico, la industria *snuff* y al PRI terminan por confirmar que no hay culpables específicos —al menos, no de la manera en como Kessler, por ejemplo, visualiza como culpable a un psicópata o a un grupo pequeño de éstos-.
7   Después de su presunto enfrentamiento final con algunos de los asesinos de Santa Teresa, nada se vuelve a saber de Harry Magaña. Hay un tibio esfuerzo por parte del cónsul norteamericano, Conan Mitchell, por saber qué fue de él. Poco saca en claro de su viaje a Santa Teresa, en cuanto sus interacciones con la policía mexicana y colegas norteamericanos dejan mucho que desear: "El sheriff de Huntville había desaparecido y todos los informes de que disponía decían que se hallaba en Santa Teresa la última vez que fue visto. El jefe de la policía quiso saber si estaba en Santa Teresa en misión oficial o como turista.

Como turista, por supuesto, dijo el cónsul (...). Probablemente el sheriff se volvió loco, dijo Kurt A. Banks y se suicidó en el desierto. O ahora está viviendo con un travesti en Florida, dijo Henderson, el otro empleado del cónsul. Conan Mitchell los miró con gesto grave y les dijo que no era piadoso hablar así de un sheriff de los Estados Unidos" (Bolaño 2004a, 568). Pronto el caso del sheriff, al igual que todas las muertas de Santa Teresa, es rápidamente olvidado.

8   En palabras de Brecht: "La novela policíaca tiene por objeto el pensar lógico y exige del lector un pensar lógico. Está cerca del crucigrama, en este sentido". Véase Bertold Brecht, «De la popularidad de la novela policíaca» en *El juego de los cautos. Literatura policial: de Edgar A. Poe a P.D. James*, comp. por Daniel Link (Buenos Aires: Alfavet Ediciones, 2003), 24.

9   Cabe destacar que la misma subversión de expectativas está presente en otro pasaje de «La parte de los crímenes», aunque en menor escala: Harry Magaña, buscando el rastro perdido de Lucy Anne Sander, rescata el nombre de un tal "Chucho" gracias a sus investigaciones. Este "Chucho", suponemos, puede estar íntimamente relacionado con los asesinatos de Santa Teresa. Ahora bien, nosotros, como lectores, inmediatamente asociamos a la mención de "Chucho" con Chucho Flores, (ex)novio de Rosa Amalfitano, al cual se nos introdujo previamente en «La parte de Fate» y cuyo accionar también se insinuó que estaba ligado a los crímenes de Santa Teresa. No obstante, este Chucho resulta ser un "delincuente de poca monta" (Bolaño 2004a, 552), que ninguna relación guarda con el Chucho Flores anteriormente introducido en el relato. Aparte del hecho de enfatizar el obvio hecho de que en México hay más de un Chucho, la referencia a un mundo mayor —al cual nunca tendremos acceso completo— se hace explícita nuevamente.

10 Trabajo periodístico de Sergio González Rodríguez que lidia con los crímenes de Ciudad Juárez.

11 En sus propias palabras: "Si Dios no existe, el reconocimiento, así como el dinero, por ejemplo, es una migaja que nadie, en su sano juicio, aceptaría, salvo como broma de mal gusto. Si Dios existe, el reconocimiento es intrascendente, puesto que Dios conoce todos los

nombres, todos los rostros" (Braithwaite 2006, 91).

12　Esto nos revela que «La parte de Fate» sucede cronológicamente después de «La parte de los crímenes».

13　No deja de ser curioso que sea Kessler quien profiera estas reveladoras palabras, considerando que después su figura es fuertemente ironizada en «La parte de los crímenes».

14　Arndt Lainck, en su estudio sobre *2666*, identifica a dicho sector fuera de la sociedad como aquel que Agamben denominó *homini sacer*; véase Lainck, *Las figuras del mal en 2666 de Roberto Bolaño* (Münster: Lit, 2014), 59.

15　En relación a los testimonios de Eichmann, en los cuales confesaría sus crímenes de manera más bien pasmosamente trivial, Arendt interpela a los jueces de la siguiente manera: "They knew, of course, that it would have been very comforting indeed to believe that Eichmann was a monster (…). The problem with Eichmann was precisely that so many were like him, and that the many were neither perverted nor sadistic, that were, and still are, terribly and terrifyingly normal" (Arendt 2006, 103).

16　Véase página 64.

17　Un detalle a considerar: el "chingados" de aquella frase devela lo que pronto será una constante en Haas: el uso desmedido de la jerga mexicana. No deja de ser irónico que un personaje visto como un "extranjero" en territorio mexicano sea aquel que use más la jerga local de manera soez. Klaus, si bien representante simbólico de una cultura civilizada cuyo germen está en la Europa, no demuestra ser, al fin y al cabo, diferente a los mexicanos mismos cuando abre la boca.

18　En *2666* podemos presentir cierta advertencia contra el *aburrimiento* en sí mismo; una especie de admonición que dicho estado está sólo a un paso de algo más terrible, cercano al abismo. Florita Almada, por ejemplo, menciona: "Mirar cara a cara al aburrimiento era una acción que requería valor y que Benito Juárez lo había hecho y que ella también lo había hecho y que ambos habían visto en el rostro del aburrimiento *cosas horribles que prefería no decir*" (Bolaño 2004a, 542; mis cursivas).

19　Esta última, recordemos, está basada en Mariana Callejas, personaje infame de la dictadura chilena. Tal como se narra en *Nocturno de Chile*, Callejas solía hospedar tertulias literarias en su *living-room* mientras que en su sótano su marido, un agente de la DINA llamado Michael Townley, efectuaba torturas a prisioneros políticos (Bolaño 2007d, 138-142).

20 Esto, si bien deducible a partir de la lectura misma de *2666,* tiene su confirmación en otra novela póstuma de Bolaño, *Los sinsabores del verdadero policía* (2011), en la cual Amalfitano menciona: "Yo que vi a mi hija sonreír en Argentina y gatear en Colombia y dar sus primeros pasos en Costa Rica y luego en Canadá, de universidad en universidad, *saliendo de los países por cuestiones políticas y entrando por imperativos docentes*" (Bolaño 2011, 43; mis cursivas).

21 A modo de ver algunos ejemplos, ver páginas 219, 228 y 231 (Bolaño 2004a), todos episodios en donde algunos personajes conciben a Lola como una *loca,* o bien ella misma admite estar cerca de la locura.

22 En *Bolaño por sí mismo*, compilación de entrevistas a Roberto Bolaño reunidas por Andrés Braithwaite, podemos encontrar múltiples pasajes en donde Bolaño hace referencia a cuán importante son sus hijos en su vida (a modo de ejemplo, ver páginas 32 y 35). La siguientes preguntas y respuestas, no obstante, sintetizan su postura al respecto: "—¿Cuál es su idea de la felicidad perfecta? / —Mi felicidad imperfecta: estar con mi hijo y que él esté bien (…). / —¿Cuál es su mayor miedo? / —Cualquier cosa que pueda hacerle daño a mi hijo" (Braithwaite 2006, 46-47).

23 Véase pp. 131-134.

24 Vale la pena citar ambos inicios en su totalidad para recalcar su similitud. *El extranjero* comienza con el siguiente párrafo: "Hoy ha muerto mamá. O quizás ayer. No lo sé. Recibí un telegrama del asilo: 'Falleció su madre. Entierro mañana. Sentidas condolencias'. Pero no quiere decir nada. Quizás haya sido ayer" (Camus 1949, 9). El inicio de «La parte de Fate», por su lado, es el siguiente: "Quincy Williams tenía treinta años cuando murió su madre. Una vecina lo llamó al teléfono de su trabajo. —Querido —le dijo—, Edna ha muerto. Preguntó cuándo. Oyó los sollozos de la mujer al otro lado del teléfono y otras voces, probablemente también mujeres. Preguntó cómo. Nadie

le contestó y colgó el teléfono" (Bolaño 2004a, 295).

25 Para un agudo análisis en torno a la figura del "guerrillero arrepentido", véase John Beverley, «Rethinking the Armed Struggle in Latin America», *boundary* 2 (Spring 2009): 47-59.

26 Ver a modo de ejemplo entrevistas en *Bolaño por sí mismo* de Andrés Braithwaite, páginas 48, 50, 79, 82, 89, 112 y 130.

27 En el transcurso de la novela, el narrador se refiere a Archimboldi durante toda su niñez y gran parte de su juventud como "Hans Reiter", el cual es su nombre legal antes de asumir su seudónimo como escritor de forma permanente. Para evitar confusiones, procuraré usar sólo un nombre ("Archimboldi"), sólo señalando su identidad legal cuando el contexto de análisis lo requiera.

28 La muestra más "explícita" que tenemos del ascenso al nazismo es la conversación que tiene uno de los oficiales de la SS con el padre del Archimboldi, en la cual queda claro la distancia entre experiencia y escepticismo —el padre de Archimboldi— con arrogancia y optimismo desenfrenado —oficial de la SS—. No obstante, Archimboldi no toma parte significativa en el episodio, pues en su única intervención —su aparición para cuidar de Lotte, su hermana— ignora completamente al oficial presente en su hogar (Bolaño 2004a, 814).

29 También hace referencia a la propia experiencia de Bolaño como un joven lector y escritor. En sus propias palabras: «A los diecisiete estuve a punto de volverme loco. Lo único seguro, entonces, era la literatura, que es paradójicamente lo más inseguro que existe. Además: la literatura brillaba de una manera especial. Era un brillo secreto. Era como un ser inmensamente rico y que nadie lo supiera. La riqueza vestida con los ropajes de la pobreza más absoluta. Un *Minnesänger* alemán lo expresó bastante bien: dice que cabalga hacia la guerra vestido con una armadura, pero que debajo de su armadura lleva los ropajes de un loco» (Stozman, entrevista, 364).

30 En *Estrella distante,* recordemos, el clímax de la novela lleva a Belano y a Romero, detective privado, a encontrar la vivienda de Carlos Wieder, ex militar chileno, poeta vanguardista y culpable de varios asesinatos relacionados a la dictadura. Cuando se hace evidente que Romero ha sido contratado para matarlo, se produce un notorio con-

flicto de conciencia en Belano, que cabe la pena citar en extenso: "¿Lo va a matar?, murmuré. Romero hizo un gesto que no pude ver (…) es mejor que no lo mate, dije. Una cosa así nos puede arruinar, a usted y a mí, y además es innecesario, ese tipo ya no le va a hacer daño a nadie. A mí no me va arruinar, dijo Romero, al contrario, me va a capitalizar. En cuanto a que no puede hacer daño a nadie, qué le voy a decir, la verdad es que no lo sabemos, no lo podemos saber, ni usted ni yo somos Dios, sólo hacemos lo que podemos. Nada más. No podía verle el rostro pero por la voz (…) supe que estaba esforzándose por ser convincente. No vale la pena, insistí, todo se acabó. Ya nadie hará daño a nadie. Romero me palmeó el hombro. En esto es mejor que no se meta, dijo" (Bolaño 1996, 154-155). La perpetración de la justicia (el asesinato de Wieder), o más bien, la venganza, asimismo, tampoco produce el esperado efecto de alivio en nuestros protagonistas: "Durante un rato estuvimos esperando a que pasara un taxi, de pie en el bordillo de la acera, sin saber qué decirnos. Nunca me había ocurrido algo semejante, le confesé. No es cierto, dijo Romero muy suavemente, nos han ocurrido cosas peores, piénselo un poco. Puede ser, admití pero este asunto ha sido particularmente espantoso. Espantoso, repitió Romero (…). Luego se rió por lo bajo, con una risa de conejo, y dijo claro, cómo no iba a ser espantoso" (Bolaño 1996, 157).

31 Si bien la idea de la mortandad de la literatura es algo que Bolaño ha expresado en varias entrevistas, es en el siguiente pasaje de *Los detectives salvajes*, donde dicha idea está expresada, según nuestra perspectiva, de la mejor manera: "Durante un tiempo la Crítica acompaña a la Obra, luego la Crítica se desvanece y son los Lectores que la acompañan. El viaje puede ser largo o corto. Luego los Lectores mueren uno por uno y la Obra sigue sola, aunque otra Crítica y otros Lectores poco a poco vayan acompasándose a su singladura. Luego la Crítica muere otra vez y los Lectores mueren otra vez y sobre esa huella de huesos sigue la Obra su viaje hacia la soledad. Acercarse a ella, navegar a su estela es señal inequívoca de muerte segura, pero otra Crítica y otros Lectores se le acercan incansables e implacables y el tiempo y la velocidad los devoran. Finalmente la Obra viaja irremediablemente sola en la Inmensidad. Y un día la Obra muere, como mueren todas

las cosas, como se extinguirá el Sol y la Tierra, el Sistema Solar y la Galaxia y la más recóndita memoria de los hombres. Todo lo que empieza como comedia acaba como tragedia" (Bolaño 2005, 484).

32 Para ver de forma más explícita la conexión entre ambas barbaries, véase el artículo «2666 Twinned and Told Twice» de Margaret Boe Birns, en *Roberto Bolaño, a Less Distant Star*, ed. de Ignacio López-Calvo (Nueva York: Palgrave Macmillan, 2015), 67-84.

5
Bibliografía

Obras de Roberto Bolaño

(1993). *La pista de hielo*. Barcelona: Anagrama.
(1996). *Estrella distante*. Barcelona: Anagrama.
(1999a). *Amuleto*. Barcelona: Anagrama.
(1999b). *Monsieur Pain*. Barcelona: Anagrama.
(2001). *Putas asesinas*. Barcelona: Anagrama.
(2002). *Amberes*. Barcelona: Anagrama.
(2003). *El gaucho insufrible*. Barcelona: Anagrama.
(2004a). *2666*. Buenos Aires: Anagrama.
(2004b). «Discurso de Caracas». En *Entre paréntesis*, Roberto Bolaño, 31-39. Barcelona: Anagrama.
(2004c). *Entre paréntesis*. Barcelona: Anagrama.
(2005). *Los detectives salvajes*. Barcelona: Anagrama.
(2007a). *El secreto del mal*. Barcelona: Anagrama.
(2007b). *La universidad desconocida*. Barcelona: Anagrama.
(2007c). *Llamadas telefónicas*. Barcelona: Anagrama.
(2007d). *Nocturno de Chile*. Barcelona: Anagrama.
(2008). *La literatura nazi en América*. Barcelona: Seix Barral.
(2011). *Los sinsabores del verdadero policía*. Buenos Aires: Anagrama.
(2016a). *2666*. Rodesa: Alfaguara.
(2016b). *El espíritu de la ciencia-ficción*. Santiago de Chile: Alfaguara.

Entrevistas a Bolaño

Carmen Boullosa, entrevista a Roberto Bolaño, 2006. *Roberto Bolaño: la escritura como tauromaquia*. Manzoni, Celina (ed). Buenos Aires: Corregidor.
Uwe Stozman, conversación con Roberto Bolaño. 16 de Noviembre de 2001. *Roberto Bolaño. Estrella Cercana. Ensayos sobre su obra*. López Bernasocchi, Augusta y José Manuel López de Abiada (eds). Madrid: Editorial Verbum.
Felipe Ossandón, entrevista a Roberto Bolaño, *El Mercurio*, 14 de febrero 2003, edición Santiago de Chile.
Daniel Swinburn, entrevista a Roberto Bolaño, «Roberto Bolaño: catorce preguntas a Bolaño», *El Mercurio*, 2 de marzo 2003.

Bibliografía crítica

Ahmad, Aijaz. (1992). *In Theory: Classes, Nations, Literatures*. New York: Verso.
Amar Sánchez, Ana María. (2010). *Instrucciones para la derrota: Narrativas éticas y políticas de perdedores*. Barcelona: Anthropos Editorial.
Anderson, Benedict. (1997). *Comunidades imaginadas: Reflexiones sobre el origen y la difusión del nacionalismo*. Ciudad de México: Fondo de Cultura Económica.
Andrews, Chris. (2014). *Roberto Bolaño's Fiction: An Expanding Universe*. Nueva York: Columbia University Press.
Arendt, Hannah. (2006). *Eichmann and the Holocaust*. Nueva York: Penguin Books.
Aristóteles. (1947). *Poética*. Buenos Aires: Emecé Editores.
Auerbach, Erich. (1950). *Mimesis: La realidad en la literatura*. Ciudad de México: Fondo de Cultura Económica.
Avelar, Idelber. (2000). *Alegorías de la derrota: La ficción postdictatorial y el trabajo del duelo*. Chile: Cuarto Propio.
— (2001). «La práctica de la tortura y la historia de la verdad». En *Pensar en/la postdictadura*, editado por Nelly Richard y Alberto Moreiras, 175-196. Chile: LOM Ediciones.

Benjamin, Walter. (1968). *Illuminations. Walter Benjamin: Essays and Reflections*. New York: Schoken Books.
— (2001) «The Work of Art in the Age of Mechanical Reproduction». En *The Norton Anthology of Theory and Criticism*, editado por Vincent B Leitch, 1166-1186. Nueva York: W.W. Norton and Company.
Beverley, John. (2014). «El ultraizquierdismo: enfermedad infantil de la academia», *Cuadernos de Literatura* (Junio): 18-27.
— (2004). *Testimonio. On The Politics of Truth*. Minneapolis: University of Minnesota Press.
Boe Birns, Margaret. (2015). «666 Twinned and Told Twice: Roberto Bolaño's Double Time Frame in *2666*». En *Roberto Bolaño, a Less Distant Star*, editado por Ignacio López-Calvo, 67-84. Nueva York: Palgrave Macmillan.
Bohm, David. (1976). *Fragmentation and Wholeness*. Israel: The Van Leer Jerusalem Foundation.
Bolognese, Chiara. (2010). *Pistas de un naufragio: Cartografía de Roberto Bolaño*. Córdoba: Alción Editora.
Braithwaite, Andrés, ed. (2006). *Bolaño por sí mismo: Entrevistas escogidas*. Santiago de Chile: Ediciones Diego Portales.
Brecht, Bertold. (2003). «De la popularidad de la novela policíaca». En *El juego de los cautos. Literatura policial: De Edgar A. Poe a P.D. James*, compilado por de Daniel Link, 24-27. Buenos Aires: Alfavet Ediciones.
Cacheiro, Adolfo. (2009). «Imaginary and Symbolic Identity in Roberto Bolaño's *Estrella distante*». *Hispanet Journal* 2: 1-32.
Camus, Albert. (1949). *El extranjero* . Buenos Aires: Emecé Editores.
Candia, Alexis. (2006). «*2666*: La magia y el mal». *Taller de Letras* s/n: 121.
— (2011). *El "Paraíso Infernal" en la narrativa de Roberto Bolaño*. Santiago de Chile: Cuarto Propio.
— (2010). «Todos los males el mal. La "estética de la aniquilación" en la narrativa de Roberto Bolaño», *Revista Chilena de Literatura* 76: 43-70.

Cánovas, Rodrigo. (2009). «Fichando 'La parte de los crímenes', de Roberto Bolaño, incluida en su libro póstumo *2666*». *Anales de Literatura Chilena* 10, nº 11: 241-249.

Casanova, Pascale. (2004). *The World Republic of Letters*. Cambridge: Harvard University Press.

Castellanos, Alicia. (1981). *Ciudad Juárez: La vida fronteriza*. México, D.F.: Nuestro Tiempo.

Castellanos Moya, Horacio. (2009). «Sobre el mito Bolaño». *La Nación*, 2009.

Centre de Cultura Contemporania de Barcelona. (2013). *Archivo Bolaño 1977-2003*. Barcelona: Diputació Barcelona.

Chakrabarty, Dipesh. (2000). *Provincializing Europe: Postcolonial Thought and Historical Difference*. Princeton: Princeton University Press.

Corral, Wilfrido H. (2011). *Bolaño traducido: nueva literatura mundial*. España: Ediciones Escalera.

Cravey, Altha J. (1998). *Women and Work in Mexico's Maquiladoras*. Nueva York: Rowman & Littefield Publishers.

Culler, Jonathan. (2005). «Flaubert: The Uses of Uncertainty». En *Madame Bovary*, de Gustave Flaubert. New York: W.W. Norton.

— (1984). «The Uses of Madame Bovary». En *Flaubert and Postmodernism*, editado por Naomi Schor y Henry F. Majewski Schor and Majewski, 1-12. Nebraska: University of Nebraska.

de Piérola, José. (2007). «El envés de la historia. (Re)construcción de la historia en *Estrella distante* de Roberto Bolaño y *Soldados de Salamina* de Javier Cercas». *Revista de Crítica Latinoamericana* 65: 241-258.

Deckard, Sharae. (2012). «Peripheral Realism, Millennial Capitalism, and Roberto Bolaño's *2666*». *Modern Language Quarterly* 73, n.º3 (Septiembre): 351-372.

Deleuze, Gilles. (1983). *Nietzsche and Philosophy*. Nueva York: Columbia University Press.

Domínguez Michael, Christopher. (2009). «Bolaño, Roberto (Santiago de Chile, 1953-Barcelona, España 2003)». *Anales de la literatura chilena* 11 (Junio): 251-256.

Donoso Macaya, Ángeles. (2009). «Estética, política y el posible territorio de la ficción en *2666* de Roberto Bolaño». *Revista Hispánica Moderna* 62, nº 2: 125-142.

— (2005). «Violencia y literatura en las fronteras de la realidad latinoamericana. *2666*, de Roberto Bolaño». *Bifurcaciones* 5 (verano). s/p.

Driver, Alice. (2015). *More or Less Dead: Feminicide, Haunting, and the Ethics of Representation in Mexico*. Estados Unidos: The University of Arizona Press.

Eagleton, Terry. (2008) *Literary Theory: An introduction*. Minneapolis: University of Minnesota Press.

— (2010). *On Evil*. New Haven: Yale University Press.

— (1996). *The illusions of Postmodernism*. Oxford: Blackwell Publishers.

Echevarría, Ignacio. (2013). «Bolaño internacional: Algunas reflexiones en torno al éxito internacional de Roberto Bolaño». *Estudios Públicos* 130 (Otoño): 175-202.

— (2007). *Desvíos: un recorrido crítico por la reciente narrativa latinoamericana*. Santiago de Chile: Universidad Diego Portales.

— (2004). «Nota a la primera edición». En *2666*, de Roberto Bolaño, 1121-1125. Barcelona: Anagrama.

Elmore, Peter. (2015). "*2666* de Roberto Bolaño: el resto del todo y el tiempo del fin". En *Roberto Bolaño: violencia, escritura, vida*, editado por Ursula Hennigfeld, 101-120. Madrid: Iberoamericana – Vervuert.

Espinosa, Patricia (ed). (2003). «Estudio preliminar». En *Territorios en fuga*, ed. Patricia Espinosa, 13-34. Santiago de Chile: FRASIS.

— (2006). «Secreto y simulacro en *2666* de Roberto Bolaño». *Estudios filológicos* 41: 71-79.

Fancher, Patricia. (2014). *Chiasmic Rhetoric: Alan Turing Between Bodies and Words. All Dissertations* 1285 https://tigerprints.clemson.edu/all_dissertations/1285.
Fandiño, Laura. (2009). «El orden de la memoria en *Amuleto* (1999) de Roberto Bolaño». *VI Encuentro Interdisciplinario de las Ciencias Sociales y Humanas. UNC/CONICET* .
Farred, Grant. (2010). «The Impossible Closing: Death, Neoliberalism, and the Postcolonial in Bolaño's *2666*». *Modern Fiction Studies* 56, nº 4 : 689-708.
Flaubert, Gustave. (2005). *Madame Bovary*. Nueva York: W.W. Norton, 2005.
Folley, Barbara. (1986). *Telling the Truth: The Theory and Practice of Documentary Fiction*. Ithaca: Cornell University Press.
Fourez, Cathy. (2006). «Entre transfiguración y transgresión: El escenario espacial de Santa Teresa en la novela de Roberto Bolaño, *2666*». *Debate Feminista* 33: 21-45.
Franco, Jean. (2013). *Cruel Modernity*. Durham y Londres: Duke University Press.
— (2009). «Questions for Bolaño». *Journal of Latin American Studies* 18, nº 2-3: 207-217.
Franken, Clemens y Magda Sepúlveda. (2009). *Tinta de sangre: Narrativa policial chilena en el siglo XX*. Santiago de Chile: Ediciones UCSH.
Galdo, Juan Carlos. (2005). «Fronteras del mal/ genealogías del horror: *2666* de Roberto Bolaño». *Hipertexto* 2: 23-34.
Galicia, Javier. (2016). «La belleza de pensar – Entrevista a Roberto Bolaño». Video en *YouTube*, 57:30. Internet. Accesado el 16 octubre.
Gamboa Cárdenas, Jemerías. (2008). «¿Siameses o dobles? Vanguardia y postmodernismo en *Estrella distante* de Roberto Bolaño». En *Bolaño salvaje*, editado por Edmundo Paz Soldán, y Gustavo Faverón Patriau, 211-237. Barcelona : Candaya.
González Férriz, Ramón, ed. (2005). *Jornadas homenaje Roberto Bolaño (1953-2003): simposio internacional*. Barcelona: ICCI.

González Rodríguez, Sergio. (2002). *Huesos en el desierto*. Barcelona: Anagrama.
Grall, Catherine. (2013). «*2666* by Roberto Bolaño: Fiction as an Attempt to Travel between Worlds». *Neohelicon* 40, nº 2: 475-487.
Gras, Dunia. (2005). «Roberto Bolaño y la obra total». *Jornadas homenaje Roberto Bolaño (1953-2003): Simposio internacional*. Editado por Ramón González Férriz, 49-73. Barcelona: ICCI.
Gras, Dunia, Leonie Meyer-Krentler y Siqui Sánchez. (2010). *El viaje imposible: En México con Roberto Bolaño*. Zaragoza: Tropo Editores.
Gutiérrez-Mouat, Ricardo. (2016). *Understanding Roberto Bolaño*. Columbia: University of South Carolina Press.
Harvey, David. (1989). *The Condition of Posmodernity*. Oxford: Cambridge University Press.
Henningfeld, Ursula, ed. (2015). *Roberto Bolaño: violencia, escritura, vida*. Madrid: Iberoamericana – Vervuert.
Herlinghaus, Hermann. (2013). *Narcoepics: a Global Aesthetics of Sobriety*. Nueva York; London: Bloomsbury.
Hernández-Guzmán, Daniel. (2016). «Más allá de los feminicidios: violencia y cuerpo femenino en "La parte de los crímenes" de Roberto Bolaño». *Cuadernos de Literatura* XX, nº 40 (Julio-Diciembre): 633-647.
Hoyos, Héctor. (2015). *Beyond Bolaño: the Global Latin American Novel*. Nueva York: Columbia University Press.
Jameson, Fredric. (1998). *El giro cultural*. Buenos Aires: Manantial.
— (1991). *Postmodernism or, The Cultural Logic of Late Capitalism*. Durham: Duke University Press.
— (2013). *The Antinomies of Realism*. Brooklyn: Verso.
Jiménez, Eduardo. (2013). «Contra la monumentalidad de *2666* de Roberto Bolaño». *Ojo en Tinta*, 2 de noviembre. Internet. Accesado 14 de abril de 2015.
Kayser, Wolfgang. (1970). *Interpretación y análisis de la obra literaria*. Madrid: Gredos.

Kraniauskas, John. (2016). «A Monument to the Unkown Worker: Roberto Bolaño's *2666*». *Radical Philosophy,* 200 (noviembre-diciembre): 37-46.
Lainck, Ardnt. (2014). *Las figuras del mal en 2666 de Roberto Bolaño.* Münster: Lit.
Levinson, Brett. (2009). «Case Closed: Madness and Dissociation in 2666». *Journal of Latin American Cultural Studies* 18, nº 2-3: 177-191.
Levy Oved, Albert y Sonia Alcocer Marbán (1983). *Las maquiladoras en México.* México, D.F.: Fondo de Cultura Económica.
Link, Daniel, comp. (2003). *El juego de los cautos. Literatura policial: de Edgar A. Poe a P.D. James.* Buenos Aires: Alfavet Ediciones.
López Bernasocchi, Augusta y José Manuel López de Abiada, eds. (2012). *Roberto Bolaño:* Estrella cercana. *Ensayos sobre su obra.* Madrid: Verbum.
López Merino, Juan Miguel. (2010). «Ética y estética del fracaso en Roberto Bolaño». *Espéculo. Revista de estudios literarios.* Internet. Accesado el 8 de Agosto de 2014.
López, Magdalena. (2015). *Desde el fracaso: Narrativas del Caribe insular hispano en el siglo XXI.* Madrid: Verbum.
López-Calvo, Ignacio, ed. (2015). *Roberto Bolaño, a Less Distant Star. Critical Essays.* Nueva York: Palgrave Macmillan.
— (2015). «Roberto Bolaño's Flower War: Memory, Melancholy, and Pierre Menard». En *Roberto Bolaño, a Less Distant Star*, editado por Ignacio López-Calvo, 35-66. Nueva York: Palgrave Macmillan.
López-Vicuña, Ignacio. (2009). «Malestar en la literatura: escritura y barbarie en *Estrella distante* y *Nocturno de Chile* de Roberto Bolaño». *Revista Chilena de Literatura*: 199-215.
Lukács, Georg. (1962). *The Historical Novel.* Londres: Merlin Press Limited.
— (2001). «Realism in the Balance». En *The Norton Anthology of Theory and Criticism*, editado por Vincent B. Leitch, 1041-1042. New York: W. W. Norton & Company.

— (1978). «El reflejo artístico de la realidad». En *Antología: Textos de estética y teoría del arte*, editado por Adolfo Sánchez Vázquez, 95-104. Ciudad de México: Universidad Nacional Autónoma de México.

— (1981). «Reportage or Portrayal?». En *Essays on Realism*, de Georg Lukács, 45-63. Cambridge: The MIT Press.

— (1971). *The Theory of the Novel*. Cambridge: The M.I.T. Press.

— (2005). *Writer and Critic, and Other Essays*. Lincoln: Authors Guild Backinprint.com.

Lyotard, Jean François. (1984). *The Postmodern Condition: a Report on Knowledge*. Minneapolis: University of Minnesota Press.

— (1992). *The Postmodern Explained*. Minneapolis: University of Minnesota Press.

Madariaga Caro, Montserrat. (2010). *Bolaño infra: 1975 – 1977. Los años que inspiraron* Los detectives salvajes. Santiago de Chile: RIL Editores.

Manzoni, Celina, ed. (1986). *Roberto Bolaño: La escritura como tauromaquia*. Buenos Aires: Corregidor.

Marchese, Angelo y Joaquín Forradellas. (1986). *Diccionario de retórica, crítica y terminología literaria*. España: Ariel.

Marras, Sergio. (2011). *El héroe improbable (cómo Arturo Belano siempre quiso ser Benno von Archimboldi)*. Santiago de Chile: RIL Editores.

Martínez Bonati, Félix (1995). «El sentido histórico de algunas transformaciones del arte narrativo». *Revista Chilena de Literatura* (Noviembre).

Molloy, Sylvia (1999). *Las letras de Borges*. Rosario: Beatriz Viterbo Editora.

Monárrez Fragoso, Julia Estela. (2009). *Trama de una injusticia: feminicidio sexual sistémico en Ciudad Juárez*. Tijuana: El Colegio de la Frontera Norte.

Morales, Leonidas. (2008). *De muertos y sobrevivientes: narración chilena moderna*. Santiago de Chile: Cuarto Propio.

Moreiras, Alberto y Nelly Richard, eds. (2001). *Pensar en/la postdictadura*. Santiago de Chile: Cuarto Propio.

Moreno, Fernando, ed. (2011). *Roberto Bolaño: La experiencia del abismo*. Santiago de Chile: Ediciones Lastarria.
Moretti, Franco. (1987). *The Way of the World: The Bildungsroman in European Culture*. Londres: Verso.
Moulian, Tomás. (1997). *Chile actual: Anatomía de un mito*. Santiago de Chile: LOM.
— (2015). *El consumo me consume*. Santiago de Chile: LOM Ediciones.
Muniz, Gabriela. (2010). «El discurso de la crueldad: *2666* de Roberto Bolaño». *Revista Hispánica Moderna* 63, nº 1: 35-49.
Nietzsche, Friedrich. (2011). *La gaya ciencia*. Madrid: Biblioteca Edaf, 2011.
Oliver, María Paz. (2012). «Digresión y subversión del género policial en *Estrella distante* de Roberto Bolaño» *Acta Literaria*: 35-51.
Palou, Pedro Ángel. (2006). «Coda: La literatura mundial, un falso debate del mercado» En *América Latina en la 'literatura mundial'*, editado por Ignacio M. Sánchez-Prado, 307-317. Pittsburgh: Biblioteca de América.
Paz Soldán, Edmundo. (2008). «Roberto Bolaño: Literatura y apocalipsis». *Bolaño salvaje*, editado por Edmundo Paz Soldán y Gustavo Faverón Patriau, 11-32. Barcelona: Candaya.
Paz Soldán, Edmundo y Gustavo Faverón Patriau, eds. (2008). *Bolaño salvaje*. Barcelona: Candaya.
Paz, Octavio. (1990). *Los hijos del limo*. Barcelona: Biblioteca de Bolsillo.
Pelaez, Sol. (2014). «Counting Violence: Roberto Bolaño and *2666*». *Chasqui* 43, nº 2 (Noviembre): 30-47.
Peña, Jorge. (2002). *La poética del tiempo: Ética y estética de la narración*. Santiago de Chile: Ed. Universitaria.
Pino Correa, Juan Carlos y Alexander Buendía Astudillo. (2009). «Escenarios y personajes de Roberto Bolaño en el entorno posmoderno». *Alpha* 29: 271-283.
Pizer, John. (2006). *The Idea of World Literature: History and Pedagogical Practice*. Louisiana: Louisiana State University Press.

Pollack, Sarah. (2008). «The Peculiar Art of Cultural Formations: Roberto Bolaño and the Translation of Latin American Literature in The United States». *TRANS-* 5. Internet. Accesado el 17 de Julio de 2014.

Postone, Moishe. (2006). *Tiempo, trabajo y dominación social: Una reinterpretación de la teoría crítica de Marx.* Madrid: Marcial Pons.

Richard, Nelly. (2001). *Residuos y metáforas: Ensayos de crítica cultural sobre el Chile de la transición.* Santiago de Chile: Cuarto Propio.

Ríos Baeza, Felipe A. (2013). *Roberto Bolaño: Una narrativa en el margen.* Valencia: Tirant Humanidades.

Rodriguez, Franklin. (2010). «Unsettledness and Doublings in Roberto Bolaño's *Estrella distante*». *Revista Hispánica Moderna* 63, nº 2: 203-218.

Sánchez Vázquez, Adolfo. (1965). *Las ideas estéticas de Marx.* Ciudad de México: ERA.

Sarduy, Severo. (1974). *Barroco.* Buenos Aires: Sudamericana.

Saucedo Lastra, Fernando. (2015). *México en la obra de Roberto Bolaño: memoria y territorio.* Madrid: Iberoamericana.

Schwarz, Roberto. (1992). *Misplaced Ideas.* Nueva York: Verso.

Solotorevksy, Myrna. (2012). *El espesor escritural en novelas de Roberto Bolaño.* Rockville: Hispamérica.

— (1996). «Estética de la totalidad y estética de la fragmentación». *Hispamérica* 25, nº 75: 17-35.

— (1995). «Poética de la totalidad y poética de la fragmentación: Borges/Sarduy». En *Asociación Internacional de Hispanistas*, ed.Trevor Dadson et. al., 273-280. Birmingham: Centro Virtual Cervantes.

— (2006). «Roberto Bolaño: *2666*». *Aisthesis* 39: 129-134.

Trelles, Diego (2005). «El lector como detective en *Los detectives salvajes* de Roberto Bolaño». *Hispamérica* 34, nº 100: 141-151.

Vidal, Hernán. (2006). «Derechos humanos y estudios literarios/culturales latinoamericanistas: perfil gnóstico para una hermenéutica posible (en torno a la propuesta de Pascale Casanova)». En *América Latina en la "literatura mundial"*, ed. Ignacio M. Sánchez-Prado, 213-254. Pittsburgh: Instituto Internacional de Literatura Iberoamericana.

— (1995). «Postmodernism, Postleftism, and Neo-Avant-Gardism: The Case of Chile's *Revista de Crítica Cultural*». En *The Postmodernism Debate in Latin America*, ed. John Beverley, José Oviedo y Michael Aronna, 282-306. Durham: Duke University Press.

Vila-Matas, Enrique. (2013). «Blanes o los escritores de antes». En *Archivo Bolaño 1977-2003: Bolaño Archive 1977-2003*, 81-97. Barcelona: Diputació Barcelona.

Villalobos-Ruminott, Sergio. (2009). «A Kind of Hell: Roberto Bolaño and The Return of World Literature». *Journal of Latin American Studies: Travesia* s/n: 193-205.

Wallerstein, Immanuel. (2004). *World-Systems Analysis: An Introduction*. Durham: Duke University Press.

Williams, Gareth. (2009). «Sovereignty and Melancholic Paralysis in Roberto Bolaño». *Journal of Latin American Cultural Studies* 18, nº 2-3 (diciembre): 125-140.

Zavala, Oswaldo. (2015). *La modernidad insufrible: Roberto Bolaño en los límites de la literatura latinoamericana contemporánea*. Chapel Hill: University of North Carolina Press.

www.ingramcontent.com/pod-product-compliance
Lightning Source LLC
Chambersburg PA
CBHW021842220426
43663CB00005B/367